日本新宗教
最後のカリスマ

池田大作の功と罪

島田裕巳
Hiromi Shimada

宝島社

はじめに

2023年11月15日、創価学会のリーダーだった池田大作が亡くなった。池田は、創価学会の第3代会長で、それを退いた後、名誉会長に就任した。名誉会長というポジションは、池田のためにそのとき新たに設けられたものである。

創価学会の組織のなかでも、それ以来長く、池田は名誉会長と呼ばれてきた。だが、近年では、名誉会長ではなくなったというわけではないものの、組織のなかでは、「池田大作先生」と呼ばれるようになっていた。

ただ、外部の人間が池田を先生と呼ぶわけにはいかない。したがって、今でも池田名誉会長という呼称が用いられることもあるわけだが、組織の内外で池田のとらえ方は異なっているとも言える。

同月17日に、池田家の家族葬が営まれ、池田は荼毘《だび》に付された。家族葬には、池田家の他に、創価学会からは6代目会長である原田稔や女性部長の永石貴美子が参列しているが、その数は少なく、一般の会員は、亡くなった池田の遺体に対面できなかった。

しかも、逝去の発表は、その翌日の18日のことだった。おりしも2023年11月18日は、創価学会創立97年目の記念日だった。発表が遅れたのは、創立記念日のための準備を行っていた創価学園の生徒に配慮してのことだったと伝えられた。

もし亡くなったことが15日に公になっていたら、そこで騒ぎになり、マスコミが家族葬に殺到したことだろう。それを避けるために発表を遅らせたということではないだろうか。

池田が、一般の会員の前にさえほとんど姿を現さなくなったのは、2010年6月からである。池田はそれまで、毎月開かれる創価学会の本部幹部会に出席し、そこで講演を行ってきたが、前月の5月が最後だった。それ以降、少数の会員の前に姿を現したり、近影が機関紙の『聖教新聞』に時折掲載されたりすることはあった。けれども、外部の人間と接触することはまったくなくなった。

不在の期間があまりにも長く続いたため、私は、「池田氏は生きているのですか」と何度聞かれたかわからない。なかには、「池田氏はすでに亡くなっている」と断言するような人物もいた。

池田が創価学会のリーダーとして君臨してきた以上、創価学会側が組織として、その死を隠すことはあり得ない。もし、そうした事実が発覚したら、それこそ大きなスキャンダルになる。亡くなった後にも、遺体は冷凍保存されてきたのだと言う人もいるが、それはあり得ない。

池田は、2023年11月15日に老衰で95歳の天寿をまっとうした。それは間違いがない事実である。

池田は、若いころに肋膜炎（胸膜炎）をわずらい、30歳まで生きるかどうかわからないと言われていた。その会長としての歩みをつづった『新・人間革命』を見ると、しばしば熱を出し、それをおして全国各地をまわっていたと記されている。その点では、95歳まで生きたことは本人にとっても予想外のことだったはずだ。

亡くなってから、それが発表されるまで3日かかっている。その間には荼毘にも付されている。にもかかわらず、この情報は外部にいっさいもれることがなかった。荼毘＝火葬されたわけで、それが噂となって広まることはあるのだが、それもなかった。

同じ2023年には、幸福の科学の創立者である大川隆法も亡くなっている。大川が亡くなったのは3月2日になるが、自宅で倒れたのは2月28日だった。心肺停止の状態で病院に搬送されたようだが、28日には宗教の世界で大きな事件が起こっていることをマスコミはつかんでいた。私もたまたま、その日にそのことを知った。年齢から考えて、池田のことではないかとも思ったが、池田よりも30歳近く若い大川の方だった。この大川の事例が示すように、大物の死は、簡単には隠せないはずなのだ。

池田が姿を現さなくなってから、なぜそうなったのか、あるいは本人はどういう状況にあるのか、その点についてはまったく伝えられてこなかった。池田が亡くなったのは、自宅とも、教団施設とも伝えられた。どちらが正しいのかということにもなるが、池田は教団の提供する施設に住んでいたので、こうした伝わり方になった。以前、創価学会の幹部に聞いたところ、池田は教団施設を借りて住んでおり、家賃を支払っているということだった。

池田がどういう状況にあるのかが外部に伝わってこなかったのも、住まいが教団の施設で、学会本部の管理下におかれてきたからだろう。本部の人間でさえ、池田と直接接触することはできず、それができたのは身のまわりの世話をするごく限られた人間だけだったようだ。

今後、晩年の池田がどういった日々を送っていたのかは、果たして明らかになるのだろうか。創価学会の記念日や大規模なイベントが開かれるときには、2010年以降も、池田からのメッセージや歌が寄せられてきた。また、毎年1月26日の「SGIの日」には、平和にかんする長文の提言が発表されてきた。緊急提言というものもあり、最後となったのは、G7広島サミットにむけての提言で、2023年4月27日に発表されている。これは6000字に及ぶ長文だった。

池田が老衰で亡くなったことを考えると、果たして本人が提言を執筆したのかどうか、当然疑問が生じる。だが、そのあたりの事情がこれから明らかにされることはないのかもしれない。

池田が亡くなったことで、後継者争いが起こるのではないか、あるいは創価学会が分裂するのではないかと言われた。

池田は1979年に会長の座を退いて、名誉会長となっている。名誉会長は、その名が示すように名誉職で、他の人間がそれを継がなければならないというものではない。

創価学会では、2016年に会則の改訂を行っている。その第1章「総則」の第3条は、

「三代会長」となっていて、それは次のようになっている。

第3条　初代会長牧口常三郎《つねさぶろう》先生、第二代会長戸田城聖先生、第三代会長池田大作先生の「三代会長」は、広宣流布実現への死身弘法の体現者であり、この会の広宣流布の永遠の師匠である。

2.「三代会長」の敬称は、「先生」とする。

これは、牧口、戸田、池田を「三代会長」という形で別格扱いしたものである。つまり、池田の後から会長になった北条浩、秋谷栄之助、そして現在の原田稔は、このなかに含まれず、「永遠の師匠」ではないことを意味する。これは、創価学会の組織の側が、池田の後継者が今後現れることをあらかじめ封じたものと解釈できる。

創価学会は、池田の功績もあり、巨大組織に発展した。今、自分が池田の後継者であると明言する人間が現れたとしても、組織はそれを認めないであろう。その点でも、後継者争いが起こることはない。

新宗教には分裂が付き物であり、分派も数多く出現した。その点では、創価学会が分裂することも考えられるわけだが、少なくとも、これまで一度もそうしたことは起こっていない。

新宗教の教団が分裂する際には、支部を単位とすることがほとんどである。とくにカリスマ的な力を持つ支部長がいると、支部長が組織を抜けることで支部の会員全員が脱会し、新たな組織を作ることになる。霊友会がその典型で、支部を単位として多くの分派が生まれた。

天理教にも分派は多いが、こちらの場合には、開祖である中山みきの死後、神が降ったと称する人間をリーダーとする形で分派していった。

創価学会にも支部はあるが、支部長の権限はそれほど大きなものではなく、支部長が支部の人間を引き連れて分派していくことはまったく考えられない。創価学会には生き神の考え方はなく、天理教のようなことが起こることもあり得ない。したがって、池田死後の創価学会が分裂する可能性はゼロに等しい。

だが、後継者争いや分裂が起こらないにしても、それで創価学会の組織が今後安泰だというわけではない。むしろ現状では、逆の可能性が高くなっている。安泰どころか衰退にむかっているのである。

そうした時期に池田が亡くなったことは、やはり大きい。不在の影響は今後、さまざまな形で出てくることだろう。

いったい池田亡き後の創価学会はどういった方向にむかうのだろうか。それは、日本の社会にどういった影響を与えるのだろうか。

その点を考えるには、何よりも〝池田大作〟とは何かを明らかにしていかなければならない。それは、戦後、一気に日本最大の新宗教団体に発展した創価学会とは何かを明らかにすることでもあるのだ。

目次

第1章 カリスマはどのようにして生まれたのか

第2章 牧口常三郎と戸田城聖——池田大作を生んだ二人のカリスマ

第3章 政権奪取の夢

第4章 挫折とその時代的背景

第5章　二人の男の対立

第6章

日蓮正宗との決別

第7章 退場するカリスマ

制作スタッフ
編集　宮下雅子（宝島社）、大竹崇文
DTP　山本秀一（G-clef）
ブックデザイン　landfish

写真クレジット
【p23】写真：毎日新聞社 / アフロ
【p55】朝日新聞社 / 時事通信フォト
【p67】朝日新聞社 / 時事通信フォト
【p101】写真：Alamy/ アフロ
【p131】時事
【p161】時事
【p235】時事

※文中敬称略。特記のないかぎり、組織名・肩書等は当時のもの。

第1章
カリスマはどのようにして生まれたのか

32歳という若さで第3代会長に就任

池田大作に対する評価はさまざまに存在する。創価学会の組織や会員は、その存在を高く評価する。一方で、創価学会を脱会した人間や、政治的に対立してきた人間たちは、池田を権力の亡者であると強く批判する。

ただ、池田が創価学会という日本でもっとも勢力の大きな新宗教の指導者として、長く君臨してきたことは否定できない事実である。そのことをもって、池田は「カリスマ」であるととらえられることが少なくない。

カリスマについて、『広辞苑（第七版）』では、「超人間的・非日常的な資質。英雄・預言者などに見られる」と説明されている。特別な力を持つ人間がカリスマだというわけだ。

カリスマという概念を学問の俎上《そじょう》に乗せたのが、ドイツの社会学者、マックス・ヴェーバーである。ヴェーバーは、支配ということの正当性について論じ、伝統的支配、合法的支配とともにカリスマ的支配を支配の三類型ととらえた。カリスマ的支配は、偉大な政治家、軍人、預言者、宗教的な教祖に対する崇拝が成立したところに生まれるものととらえられた。

2006年10月、北京師範大学から名誉教授称号を贈られ、謝辞を述べる池田大作

池田の場合、他の新宗教の教祖とは異なり、神憑《かみがか》りして、神の啓示を伝えるなど超越的、神秘的な能力を発揮してきたわけではない。霊的な能力とはまったく無縁である。創価学会の会員たちは、池田を日蓮の仏法について説いてくれる指導者として崇めてきた。

池田が32歳のとき、1960年に創価学会の第3代会長に就任したのは、緊急理事会の決定にもとづくものだった。その点では、創価学会の最高議決機関の決定によって会長に就任したことになる。しかし、その決定に会員全員が参加したわけではない。しかも、なぜ池田が会長にふさわしいのか、その具体的な理由は明らかにされなかった。ただ、会長になる前の段階で、池田は総務に就任しており、総務は池田のために新設されたポストだった。

池田が会長に就任して以降、それに疑問を呈する声が組織の内外で生まれた。他に会長にふさわしい人物がいて、池田はそれを蹴落とす形で会長に就任したとも言われた。しかし、池田が前会長である戸田城聖とともに写っている写真はかなりの数にのぼる。それは、池田が戸田にかなり近い立場にあったことを示している。

しかし、ではなぜ池田は戸田の信任を得ることができたのだろうか。そこには、池田のカリスマ性が深くかかわっていたはずだ。戸田も、戦後、創価学会を巨大組織へ発展させることに貢献したわけだから、カリスマ性を備えていたことは間違いない。池田は、それに匹敵する、あるいはそれを凌駕《りょうが》するカリスマ性を持っていたことが、その会長就任に結びつき、それ以降、巨大組織に君臨することに貢献したのである。

では池田は、どうやってカリスマを獲得するに至ったのだろうか。もともと池田にはそうした素質が備わっていたとも考えられるが、その点を周囲が認識するには、やはりカリスマ性を証明する何か重要な出来事がなければならないのである。

折伏大行進のなかで起こった公開法論「小樽問答」

その出来事となったのが、1955年3月11日に行われた「小樽問答」だった。この出来事は、池田の存在をクローズアップすることに結びつくのだが、その背景には、創価学会の組織としての動きがあった。池田は、組織が作り上げた動きに乗り、そこで巧みにその役割を果たした。ここでは、その経緯を詳しく追ってみることにする。それを通して、池田のカリスマとしての才覚とともに、創価学会がいかに戦略的な組織であったかが見えてくるはずである。

小樽問答については豊富な資料が残されている。

創価学会では、その直後、問答に至る経緯と、問答の実際の様子を録音テープから起こしたものをまとめて、『小樽問答誌』（創価学会教学部編）を刊行している。その初版の奥付は1955年5月3日となっており、問答から2カ月も経っていない。刊行を急いだのは、問答の成果を宣伝布教の武器として活用しようとしてのことである。7年後の1962年には増補改訂の再版も刊行されている。

日蓮宗の側でも、小樽問答に日蓮宗の代表として参加した長谷川義一が、問答の1年後に、『小樽問答の真相』という非売品の本を、自坊である東京上野の妙顕寺から刊行している。

当日の録音テープと『小樽問答誌』、そして『小樽問答の真相』をもとに、小樽問答について検証してみたい。私は、録音テープをすべて聞いており、問答がどのような雰囲気のもと行われたのか、録音を通してではあるが、それを再体験している。

創価学会の第2代会長となる戸田城聖が、その就任式において、75万世帯の折伏《しゃくぶく》（布教活動）を宣言し、「折伏大行進」の号令をかけたのは、『小樽問答誌』が刊行されるちょうど4年前の1951年5月3日のことだった。当時の創価学会の会員は1万世帯にも満たなかった。その点で、戸田は大言壮語したことになる。ところが、創価学会はかなり強引な折伏によって会員の数をみるみる増やしていき、1953年には7万世帯、1954年には16万世帯、そして小樽問答が行われる1955年には30万世帯へと急速に拡大していた。

創価学会と日蓮宗身延派との対立

この時代の創価学会による布教活動は、戦闘的で激しいものであった。1952年4

月には、「狸祭り事件」を起こす。これは、戦前に日蓮正宗を日蓮諸宗と合同させようと画策した上、初代会長の牧口常三郎を不敬罪で警察に売ったという嫌疑をかけて、日蓮正宗の僧侶であった小笠原慈聞《じもん》という人物を総本山の大石寺でつるし上げた事件だった。

1954年には、全国から集まった創価学会の青年部員約1万3000名が富士の裾野に集結し、「出陣式」を執り行った。戸田は、その青年部員たちの前に、戦前の天皇を真似、白馬にまたがって現れた。

この時代の創価学会の会員たちは、寺院や教会に乗り込んで宗教上の論争を挑み、他宗教や他宗派の信者に対して強引に改宗を迫った。1954年10月26日付の『朝日新聞』には、「軍隊組織で布教活動」という見出しをつけて創価学会のことが報じられている。その記事のなかで、全日本仏教会事務総長の友松圓諦《えんたい》は、創価学会の折伏は無理強いで、信仰の自由を踏みにじっているとし、「学会は民族主義的なファシストの傾向が強いものではないか。青年よ起てとか、日本の柱になれといった威勢のよい言葉で、青年層を釣っている」と批判していた。

実際、創価学会・日蓮正宗に対しては、既成仏教宗派から批判の声があがる。1953年6月には、戦前からの日蓮主義の団体、国柱会の主幹であった田中香浦《こうほ》が機関紙『真世界』に「日蓮正宗の妄説を破す」を掲載した。小樽問答で創価学会と対決することになる長谷川義一も、1954年5月に日蓮宗の『宗報』に「日蓮正宗を批判す」という文章を寄稿している。問答への登壇はこれがきっかけだった。

日蓮宗では、1954年9月に機関紙『護持教報』の臨時増刊号で、「創価学会の妄説に惑うな」との見出しで檀信徒に警告を発した。これに対して創価学会は、『聖教新聞』に、「笑止身延《みのぶ》が学会対策」、「益々狂い出した身延派」といった記事を掲載して、日蓮宗の動きを批判した。1955年になると、創価学会の攻撃は日蓮宗の総本山である久遠寺のある身延山に向けられるようになる。『聖教新聞』には、「恐るべき破仏法の身延」や「身延日蓮宗は邪教だ」といった記事が掲載された。

このように、創価学会が急成長し、強引な折伏を行い、それに対して日蓮宗の側が批判を展開したことで、両者のあいだに緊張関係が生まれていた。その点で、両者はどこかで激突せざるを得なかったのである。

創価学会と日蓮宗の対話

小樽には、戦前から日蓮正宗の末寺として妙照寺があった。しかし、小樽問答が行われる前年の1954年まで、小樽には創価学会の会員は一人もいなかった。その年の8月、学会は小樽に15名の派遣部隊を送り、10日間にわたって折伏を展開した。その結果、62世帯を入信させることに成功する。そして、谷紀恵子が班長に指名され、問答が行われる時点では、138世帯にまで拡大していた。

創価学会はごく短期間に小樽で勢力を拡大していったわけだが、いくら数は増えても、新しく会員になったばかりの人間には、創価学会の信仰や日蓮正宗の教義にかんして十分な知識はなかった。あるいは、強引に折伏されても、信仰を受け入れられない人間も出てくる。その点が、小樽問答を引き起こすことに結びついた。

日蓮宗身延派の寺院妙龍寺の檀信徒であった婦人服商が1955年2月3日に創価学会に入会し、日蓮正宗の妙照寺から本尊を授与された。ところが、25日にはそれを返却したいと言い出した。そこで、谷班長以下3名の創価学会員が婦人服商の家にふたたび折伏に出かけたものの、らちがあかなかった。しかたなく帰ろうとしたところ、そこに妙龍寺の執事、鈴木景山と徒弟の出渕啓進とがやってきて、議論になった。

谷班長は、日蓮正宗の信仰は正しいという確信を持ってはいたが、十分な教学的な知識がなく、鈴木たちに反論できなかった。たまたま日蓮正宗の第64世法主《ほっす》である水谷日昇が3月11日に小樽にやってくることになっていたので、それに随行する僧侶と対論してくれるよう鈴木執事たちに申し出た。

このやりとりからすれば、小樽問答は、日蓮宗と日蓮正宗の僧侶同士の問答になるはずだった。谷班長は、小樽班の座談会にはかった上で妙照寺に赴き、阿部住職から、法主の随行者が日蓮正宗の教学部長である早瀬道応と布教師の柿沼広澄であることを教えられた。そこで、3月2日に開かれた日蓮宗側との協議の場で、谷班長は二人の名前をあげた。

これを受けて、日蓮宗の側は、問答の講師として長谷川と、身延短大教授の室住一妙に決定した。長谷川は、創価学会批判をくり広げており、それで選ばれたわけだが、室住が選ばれた理由はよくわからない。日蓮宗の教学に詳しい学僧であったことが理由かと思われるが、決して論争にはむいていなかった。

長谷川にかんしても、一つ問題があった。実際の問答のなかではいっさい発言をしていないが、小樽市公会堂には戸田も訪れていた。戸田は、『小樽問答誌』のなかで、「はかなきは邪宗の教学」という文章を寄稿していて、そのなかで、問答の当日に小樽に着き、日蓮宗の講師が長谷川だと聞いて、「少し奇妙に感じた」と述べている。「長谷川義一氏は顕《けん》本法華《ぽんほっけ》の人であって、身延と相いれないと思っていたのに、その人が講師として出ることになっていたからである」というのである。

この点にかんして、1996年に日蓮宗現代宗教研究所が刊行した『日蓮宗の近現代――他教団対応のあゆみ』（日蓮宗宗務院）におさめられた「『小樽問答』の概要と実態」のなかで、筆者の石川教張は、長谷川が顕本法華宗の僧侶であったことを否定し、あくまで日蓮宗の僧侶であったことを強調している。

問答が行われた時点で、長谷川は間違いなく日蓮宗の僧侶であり、顕本法華宗の僧侶ではなかった。ただし長谷川が、以前に顕本法華宗の僧侶であったことも事実である。

戦時中の1941年、日蓮宗と顕本法華宗、それに本門宗《ほんもんしゅう》が合同し、改めて日蓮宗が結成された。こうした宗派合同は、戦争を推し進める国家権力の主導のもとに行われた宗教政策の一環となるものだったのだが、日蓮正宗はこの宗派合同に加わらなかった。

宗派合同以前、長谷川は顕本法華宗の僧侶であり、布教師であった。そこから、戸田の発言が出てくるわけだが、戦後、日本の敗戦を機に、もとは顕本法華宗の総本山だった妙満寺が他の約200カ寺とともに日蓮宗から離脱した。それでも、日蓮宗にとどまった元顕本法華宗の僧侶たちもいて、長谷川もその一人だった。

日蓮宗に残った元顕本法華宗の僧侶たちのなかには、戦時中、日蓮宗のなかで革新運動を実践していた人間が少なくない。長谷川もその一人だった可能性がある。彼らは、身延山の開放や雑乱勧請《ぞうらんかんじょう》の撤廃などを主張していた。雑乱勧請とは、本来法華経とは関係のない神仏を祀ることを意味する。これは、小樽問答で創価学会が日蓮宗を批判するもっとも重要なポイントともなっていくのだが、その点で、雑乱勧請を認めない長谷川の立場はかなり微妙なものだった。こうした人選を含め、日蓮宗の側は、創価学会との法論に対して必ずしも十分な準備をしていなかった。

なぜ日蓮正宗の僧侶ではなく、創価学会の幹部が登壇したのか

そもそも小樽での問答は、日蓮宗と日蓮正宗の僧侶のあいだで行われるはずだった。ところが実際には、日蓮正宗の僧侶は問答に参加せず、登壇したのは、日蓮宗の僧侶と、創価学会の幹部であった。

なぜ日蓮正宗の僧侶は参加せず、創価学会の幹部が登壇したのだろうか。

『聖教新聞』２００５年2月23日付の座談会には、北海道の幹部たちが出席し、小樽問答について回想している。そのなかで、日蓮正宗の側は法論から逃げたと批判されている。

それも、日蓮正宗の側が、妙照寺から問答の連絡を受けると、急に予定を変更し、妙照寺には3月10日に訪れているからである。そして、問答が行われた当日の11日には札幌を訪れている。しかも、法主をはじめとする日蓮正宗の僧侶たちは、札幌の日正寺で寄せ鍋を囲んで宴会をしていたと揶揄されているのだった。

現在でも、『聖教新聞』には座談会が掲載されているが、昔とその内容は大きく変わっている。昔は、敵対する勢力に対して、あるいは内部の、創価学会の会員にとっては裏切り者に対して罵詈雑言を浴びせかけるようなものだった。２００５年には、まだそうした状況で、１９９０年代のはじめに決別した日蓮正宗に対しては、とくに批判が厳しかった。もし、この座談会が１９９０年代以前に行われていたら、内容は相当に違うものになっていたはずである。実際、その経緯を追ってみると、日蓮正宗の僧侶が逃げたわけではないことが明らかになってくる。

小樽問答にむけて創価学会の本部が動き出すのは3月4日になってからである。その日、本部にいた戸田のもとを、日蓮正宗の教学部長だった早瀬道応と庶務部長であった細井精道とが訪れた。細井とは、後に法主となる細井日達のことである。

両者の訪問は突然のことで、戸田がその理由を尋ねると、妙照寺の住職である阿部から小樽の身延派の寺と問答することになったので応援してほしいとの手紙がきたという。それは小樽の創価学会の班長が口火を切ったものだというのだ。

戸田は『小樽問答誌』のなかで、このことについて、次のように述べている。

「事は、至極簡単なように受け取られるが実に重大なことである。法論の日取りは11日で先方は身延本山から法論者が派遣され、北海道在住の身延の僧侶が全部集まるということであり、日蓮正宗側からは妙光寺の柿沼尊師、法道会の早瀬教学部長のふたりが法論の当事者として、先方へ明示されているとのことである。しかも当日は日蓮正宗法主水谷日昇上人が北海道御親教の途路、小樽へ立ち寄られる日である。両尊師の御心配も当然の事である。そこで私は事重大でもあるし、且つは又信仰も哲理もない似非日蓮宗身延山が法論をしかけるのは片腹痛いと思った。そこで即座にこの法論は私がお引き受けいたしますから心置きなく法主上人の御供をしていただきたいと申しあげた」

つまり、日蓮正宗の僧侶は逃げたわけではなく、戸田が日蓮正宗の法主に迷惑がかからないよう創価学会の幹部を講師として送ることを引き受けたのだ。しかも、細井は法主の随行者に加わり、小樽問答当日には滞在中の札幌から小樽へ出向き、問答を聴いている。さらに、問答の翌日、問答に参加した創価学会のメンバーは、水谷法主に招かれて、宴席につらなり、問答の労をねぎらわれている。そのとき寄せ鍋を囲んだかどうかまではわからないが、宴席には創価学会の人間たちも加わっていたのである。

戸田の巧妙な戦略：小樽問答の舞台裏と組織動員

重要なのは、戸田が巨大教団を作り上げていくしたたかな戦略家だったことだ。彼は、やっかいな法論という問題の処理を引き受けるに際して、それを創価学会の組織拡大に積極的に活用しようとしたのである。

戸田は、すぐに対策本部を設け、男子青年部第4部隊長の星野義雄と第7部隊内務幹部の大川清幸を現地にむかわせた。この時代の創価学会は軍隊を真似た組織作りをしていた。3月8日には、やがて創価学会の第5代会長となる秋谷栄之助（当時は第5部隊長で、城永と名乗っていた）以下10名を小樽に派遣した。9日には聖教新聞編集長だった石田次男理事と竜年光《りゅうとしみつ》参謀が、11日当日には戸田の他、講師となる小平芳平《よしへい》教学部長と辻武《たけ》寿《ひさ》青年部長、それに学会側の司会を務める池田大作参謀室長が空路現地入りしている。

しかも、創価学会の側は、問答をどのように進めるか、講師の役割分担までしていた。辻が攻勢にまわり、小平が守勢にまわることになっていた。辻は、身延の雑乱勧請という一点を突く。小平の方は、日蓮宗の側が突いてくるであろう日蓮本仏論、本尊の真偽、それに富士戒壇論について反論を展開することになったのだ。

極めつきは、会場となった小樽市公会堂に当日貼り出された『聖教新聞』の身延謗法《ほうぼう》特集号と、身延山久遠寺の写真展だった。これは創価学会が秘かに準備したもので、身延山が雑乱勧請で、観光化していることを示す写真を三十数枚、四つ切り（540×380ミリ）に引き伸ばして貼ったものである。僧侶の写真には「山門に坊主が二足のわらじ、仏法そっちのけで外道商売」とあり、売店で曼陀羅《まんだら》や木像、太鼓などが売られている写真には「仏罰製造機各種取揃えてあります。性能絶対保証付き――身延デパート」とキャプションがつけられていた。

長谷川は、後に「最もいやになった事は、身延謗法の写真だ。会場に貼って学会員は喜んでも、第三者は決して好感は持たない」と述べている。

創価学会の側は、問答に勝つことに勢力を傾け、当日は盛大に動員もかけた。ただ、小樽にはまだ十分な数の会員がいなかったため、近隣の都市、札幌や旭川から学会員を動員した。

司会をした池田は、会場に詰めかけたのは、学会側約750名に対して、日蓮宗側は約300名であったとしている。長谷川も、聴衆は全体で1000余名で、そのうち日蓮宗側が約300名、一般の来聴者が200名内外で、あとは創価学会の会員たちであったとしている。これだと創価学会の会員は500名近くだったことになる。

録音テープを聞くかぎり、たしかに創価学会側の野次は日蓮宗側の野次を上回っていた。ただし、創価学会側が日蓮宗側を圧倒してしまうほど差があったとは思えない。その点では、長谷川の言うように、創価学会側は750名まではおらず、500名前後だったのではないだろうか。

こうした経緯を経て、いよいよ問答がはじまることになるが、事前に取り決めがなされた。開会は午後7時で終了は9時10分。双方の司会の挨拶があった後、4人の講師が、長谷川、辻、室住、小平の順に登壇し、それぞれ12分ずつ弁論を行い、次に同じ講師たちがそれぞれ5分ずつ補足の弁論を行う。その後、聴衆との質疑応答を20分行い、最後に講師間の質疑応答を30分行う。第三者の判定者を含まないので、勝敗を決することをしないが、2分間答弁に詰まった場合はこれを負けとするとされた。

勝敗の判定については、日蓮宗側の司会者であった松井義海と創価学会側の池田とのあいだでは考え方の違いがあった。池田の方は、問答の正邪をしっかりととりたいと考えていると言い、場合によっては聴衆の賛否を問うと、挨拶のなかで述べていた。実際、池田は、二度ほど聴衆に賛否を問うている。

小樽問答の進行と発言者の交錯

では、問答はいったいどのように進められたのであろうか。

問答は、題目の三唱からはじまった。松井が進め方について述べた後、池田は、いきなり日蓮正宗に対する信仰の正しさを強調した。池田は、「全国にわたりまして日蓮正宗の仏法の正しいゆえんによって、全国にわたる間違った邪教と言い切れる日蓮宗身延派の信者が何千、何万の創価学会、日蓮正宗の信者となったということは、じつに日蓮正宗が正しいという証拠であります」と言い放った。

この池田の発言に、会場に詰めかけた学会員たちは拍手を送り、池田はさらに日蓮宗身延派の批判を続けた。こうした池田の発言は、司会者としての役割をはるかに逸脱していたと言えるが、日蓮宗の側は格別異議を申し立てなかった。それが後々響いてくることになる。

講師のなかで最初に発言したのが、日蓮宗側の長谷川であった。彼は、その一週間ほど前の『読売新聞』夕刊に掲載された「破滅の狂信」と題された人生相談をとりあげた。相談の主は主婦で、夫が○○会という新興宗教に迷って、仕事をおろそかにした上、先祖から伝えられた仏壇や戒名を焼いてしまったと言い、こうした宗教を取り締まる方法はないかという相談を持ちかけてきたという形の記事である。

この時代の創価学会は、他の宗教や他の仏教宗派の神棚や仏壇、あるいは過去帳を「謗《ほう》法払《ぼうばら》い」と称して焼き払ってしまうことがあった。そんなものを祀っていれば罰が当たるというのが創価学会側の主張で、初代会長である牧口の「法罰論」がもとになっていた。

それに対して、創価学会側の辻は、事前の作戦会議で決められていたように、身延山における雑乱勧請（本尊雑乱）を批判した。身延山では、「イヌやらヘビやら、えたいのわからないような畜生が祭ってある」というのだ。辻は、発言の最後を、「私は本尊雑乱ということをもって、徹底的に身延を爆撃する。これに対して身延の明らかなる返事を重ねて承りたいと思います」と締めくくっている。

次に発言したのは、日蓮宗側の室住だった。室住は、辻の激烈な身延批判を聞いているなかで、激しい怒りを感じたのであろう。「身延山は日蓮大聖人の真実の魂の打ち込まれた山であります」と宣言し、「世界が、日本がいかようになろうとも、焼けてただれようとも、山は、けっしてくずれないものであります」と、身延山の清浄さを強調した。

ところが、室住の発言に対して、創価学会の会員たちからは激しい野次が浴びせかけられた。そのため室住は途中ことばに詰まってしまった。

長谷川は、『小樽問答の真相』のなかで、「室住師の講演中、野次と笑声はげしくあった。元来、師は学究の人で弁説の人ではない、学者のあり勝な生真面目だ、（中略）況《いわ》んや、野次激烈なる小樽公会堂のこの度の会場には、全く師にはやり憎い事と思う」と、室住を擁護している。

室住の発言は、しだいに途切れ途切れになり、最後には時間を余した状態で発言できなくなってしまった。そこで演壇を下りればよかったのだが、その場にとどまったため、池田からは、「あと1分30秒」「1分」とカウントダウンされた。

この室住の沈黙は、2分間答弁に詰まったら負けとするという取り決めに該当する可能性があった。その時点で、創価学会の側が、この取り決めを持ち出していたとしたら、日蓮宗の側の打撃はさらに大きなものになっていたはずだ。ただし、そうはならなかった。

続いて登壇した創価学会側の小平は、日蓮の弟子であった六老僧の一人で、日蓮正宗の宗祖となった日興《にっこう》のことを持ち出し、身延がいかに謗法の山であり、富士の大石寺にこそ日蓮の教えが正しく受け継がれているかを強調した。

小平は戦前からの会員であり、池田を折伏して入信させたことで知られる。当時は教学部長の地位にあり、後には公明党の参議院議員を務めており、かなりの論客だった。「このような御書《ごしょ》がどこにありますか」「このように言っているではないか」と、彼がたたみかけていくことで、公会堂に詰めかけた学会員のボルテージは否が応でも高まり、拍手がまき起こった。ことばに詰まった室住とは対照的だった。

続いて、補足の弁論に移った。

長谷川は、創価学会側が事前に予想していたように、ここで本尊のことについて言及し、大石寺に安置されている弘安2年の板本尊は本物ではないと主張した。十分な準備をしていたようで、最後の部分では、板本尊が作られた700年前に、身延山に楠が自生していたかどうかという疑問まで持ち出している。

次に辻が立つが、辻は板本尊については、小平から後に詳しい説明があると言い、「心配することはありません」と聴衆に訴えかけている。辻は、長谷川に対して反論することなく、ここでも身延が謗法の山であるとくり返した。

ここで室住の番となったが、やはり途中で話につかえてしまい、激しい野次を浴びる結果となった。

小平は、当初取り決めていたように、本尊の真偽問題に対して反論を展開した。それが彼の役割とされていた以上、あらかじめ準備をしていたことであろう。ところが、必ずしも的確に反論を展開できなかった。彼が、板本尊が古いものであることの証拠として房州の僧侶、日我《にちが》のことばを持ち出しているが、引用すべき箇所を引用せず、日我が本尊の立派さを褒めたたえた部分にしか言及しなかった。

しかも、16世紀の日我のことにふれた後、さらに時代を遡《さかのぼ》る証拠を持ち出そうとして、「それから、それではもっと昔に記録がないのかというんですよ、それはです」と言い出したものの、その記録についてはふれず、「信心がなければ御本尊はわからないのですよ」という方向に議論をそらせてしまった。

熱狂と混乱の補足弁論から質疑応答へ

これで4人の講師による補足の弁論が終わった。議論の内容を見るかぎりでは、どちらの側も大きな弱点を抱えていて、お互いにその点を相手側に突かれることになった。その点がやり玉にあげられることは、どちらも事前に承知していたはずだが、的確な反論ができたかと言えば、それはかなり疑問である。

会場の空気は過熱していて、どちらに対しても激しい野次が飛ばされ、講師たちは平常心を失っていた。もっともそれが激しかったのが室住に対してになるわけだが、明らかに他の講師も会場の雰囲気に呑まれ、冷静さを失っていた。

続いて質疑応答の時間に移るが、聴衆も日蓮宗側に立つ者もあれば、創価学会の側に立つ者もあり、それぞれが相手側の講師の主張の問題点を突いていった。その内容は、講師の主張と重なるものだが、一つだけ、長谷川に対する質問は、創価学会側の講師もふれていないものだった。

質問者は、長谷川のあげた新聞の記事が、人生相談であることを確かめた上で、その投書の真偽を長谷川自身が確かめたのかどうかを問うた。もちろん長谷川は投書の真偽など確かめていないわけで、質問者は、問答の場に出す以上は、真偽を確かめる必要があるのではないかと迫っている。長谷川は、この質問には意表を突かれたのではないだろうか。

その後、問答は講師同士の質疑という最後の部分に入っていく。それがはじまる際に、池田は、2分以上応答ができない場合は負けとなると言い、審判がはっきりしないときは、司会者の側で賛否を問うことを申し添えている。これは、取り決めにはなかったことである。

講師同士の質疑では、まず辻が、雑乱勧請のことを持ち出すと、長谷川は、自分たちはあくまで実在不滅の久遠本仏釈迦牟尼仏を本仏としていると言い、それとは別に鬼子母神などを祀っていることについては、「別勧請」ということばを持ち出して、それがあくまで手段に過ぎないことを強調した。

これに対して辻は、長谷川の主張を裏づける「文証」があるのかと迫った。長谷川は、文証として、「日女御前御返事」という日蓮の遺文を持ち出すが、そこで池田が、聴衆に対して、「今の問題について、身延派の先生が文証を出したと思った方は立ってください」と決をとろうとした。

この池田の発言に対しては、さすがに日蓮宗側の松井が異議を唱え、決は有効ではないとした。ただし、もう少し時間が経ったならば、挙手によって賛否を問うこともあることを認めてしまった。これは、最初の取り決めにはなかったことで、松井は池田に押し切られた形になった。

講師同士の質疑では、最初こそ、辻が長谷川とやり合っていたものの、すぐに辻は発言しなくなり、議論はもっぱら小平と長谷川のあいだで展開されるようになる。室住は、結局、この箇所では一言も発言しなかった。

小平と長谷川とのあいだでは、まず本仏のとらえ方が議論になった。日蓮正宗では、日蓮を本仏としてとらえる「日蓮本仏論」の立場をとっており、小平は、その点を強調した。それに対して長谷川は、日蓮本仏論をとらない日蓮宗の立場に立ち、小平を批判した。

そこから議論は、身延における雑乱勧請の問題にふたたび戻っていき、小平は身延が謗法の山だとふたたび主張した。これに対して、長谷川はそれを否定し、小平の議論が日興のみにもとづいている点を批判した。最後は、法華経の前半部である迹門《しゃくもん》と後半部である本門のどちらを中心において考えるかという、日蓮宗における伝統的な議論を踏まえたものに発展していくが、すでにこの段階になると、会場全体の雰囲気はヒートアップし、小平と長谷川もそれに煽られた形になり、それぞれの主張を一方的に述べるだけの状態になっていた。

一方的な勝利宣言とその影響

これによって問答は時間切れとなる。最後には日蓮宗側と創価学会側の講師が一人ずつ出て挨拶をする予定だったのだが、突然、『聖教新聞』の主幹であった石田次男が発言をはじめた。これを松井が制止しようとしたが、石田は、今回の問答では、日蓮宗が敗れ、日蓮正宗が大勝利をおさめたと一方的に宣言した。そのため、講師の挨拶がないまま閉会となった。日蓮宗側の司会が有意義な議論だったと締めくくったのに対して、池田は、「断固として正宗が、日蓮正宗創価学会が、誰が聞いても誰が見ても、正しいということは、厳然としてわかることであると思います」と勝利宣言で締めている。

判定者がいないわけだから、どちらが勝ったのか、それは本来決められないはずだった。しかも、途中で池田が持ち出した決をとることさえ行ってはいなかった。にもかかわらず、池田は、自分たちが勝利したのだと勝手に宣言してしまった。

この問答を記事にした『北海道タイムス』によれば、「学会側は大勝利と書いた小旗を手にして勝った勝ったと歌い踊るというアトラクションも」あったという。

創価学会側の講師二人と、それを支えるために東京から駆けつけていた戸田城聖会長以下18名は、翌日、小樽から札幌にむかい、そこに滞在中の日蓮正宗の法主、水谷日昇から宴席を設けられ、「諸君の奮闘に感謝する」ということばを賜っているわけだが、『聖教新聞』の3月20日号では、小樽問答のことについて大々的に報じ、それを折伏の武器として活用するようになる。小樽問答を記録した『小樽問答誌』も、すでに述べたように、問答のすぐ後に刊行されている。

日蓮宗の側は、小樽問答を契機に、創価学会に対する警戒心をさらに強め、宗派の懇談会や宗会で、創価学会を批判するとともに、その対策を議論した。6月には、目黒の正覚寺で小樽問答の批判会が開かれ、夏の布教研修会などでも創価学会批判が展開された。あわせて、個々の地方で軽率に創価学会と法論を交わすことがないよう指示がくだされた。

このことも、創価学会・日蓮正宗が日蓮宗に勝利したというイメージを拡散することに結びついたように思われる。

「学会側勝利」というイメージに大きく寄与した池田の勝利宣言

議論の中身を冷静に見ていった場合、日蓮宗と創価学会のどちらが問答に勝利をおさめたのか、その判断は難しい。どちらの主張も一方的で、それに対して的確に反論できなかったことでも両者は共通している。

ただ、事前の準備に大きな差があったことが、結局は響いた。日蓮宗側の講師は個人として準備はしていたかもしれないが、講師同士が役割を分担し、どういう方針で臨むか、明確な戦略を立てていなかった。

それに対して、創価学会の側は用意周到であった。小樽公会堂に駆けつけた戸田以下創価学会の幹部たちは、最初から、問答に勝利することを前提に考え、その勝利をどのように生かすかについても事前に考えていたに違いない。

その際に、創価学会側の司会となった池田の果たした役割は極めて大きい。冒頭から、創価学会の方が優位にあることを強調し、事前の取り決めを無視する形で、問答に優劣をつける方向に全体を動かしていった。日蓮宗側の司会も、それを認めざるを得なくなる。決定的なのは、問答が終わった時点で、決をとることもなく、一方的に勝利を宣言したことである。これには日蓮宗の側から異議が申し立てられなかった。もし、異議が申し立てられ、日蓮宗の側も自分たちが勝利したと宣言していたら、創価学会が勝利したというイメージは作り上げられなかったかもしれない。

だが、池田の宣言は、勝利を確信したもので、そこに揺らぎも躊躇《ためら》いもまったくなかった。日蓮宗の側は、その池田の勢いに気圧されたのかもしれない。最後、池田の前に壇上に現れ、創価学会の勝利を宣言した石田も、戸田の後継者と目された一人で、小樽問答でも重要な役割を演じたわけだが、その後、参議院議員になっているものの、40歳で政界を引退してしまった。トップに立つ意欲には乏しかったとも言われる。そこが池田とは違ったのだ。

もちろん、小樽問答では、戸田が陣頭指揮をとり、戦術面でも、その功績は大きかった。池田はその流れに乗り、見事に重要な役割を果たした。池田の宣言を通して、創価学会の会員は、自分たちが日蓮宗の僧侶に勝利したことを確信したに違いない。

すでに池田は、小樽問答に先立つ3年前の1952年3月、創価学会の参謀室長に就任し、布教活動の最前線に立っていた。池田がそうした地位に就くことにふさわしい人物、つまりは絶大なカリスマを持つ存在であることを、小樽問答で証明したことになるのである。

第2章

牧口常三郎と戸田城聖――
池田大作を生んだ
二人のカリスマ

創価学会の前史：牧口常三郎の経歴と教育思想

第1章で見たように、池田大作は、創価学会の幹部が日蓮宗の僧侶と教義をめぐって法論を戦わせた1955年3月の小樽問答において、戦略家としての才覚を示し、カリスマを備えていることを証明した。そのときの池田はまだ27歳の若者だったものの、5年後には創価学会の第3代会長に就任している。

創価学会において注目されるのは、組織の中心となる指導者が世襲ではない点である。他の新宗教の場合、教祖や会長は世襲が多い。ところが、創価学会の創立者は牧口常三郎で、第2代の会長は戸田城聖であり、牧口と戸田とのあいだには血のつながりはまったくなかった。戸田が、牧口の女婿というわけでもない。

牧口と戸田とは師匠と弟子の関係にあった。そして、戸田と池田との関係も同様である。創価学会では、「師弟不二」ということばが頻繁に使われ、師匠と弟子とが一体の関係にあることが強調されてきた。

では、池田に先立つ牧口や戸田は、どういった人物だったのだろうか。池田そのものについて論じる前に、その点を見ていきたい。同時にそれは、池田が第3代の会長になるまで、創価学会がどういった歩みをしてきたかを振り返ることでもある。それを理解しておかなければ、池田についてもわからないはずである。

牧口は1871年に柏崎県刈羽郡荒浜村（現在の新潟県柏崎市）に渡辺長七として生まれる。親戚の牧口家の養子となり、1893年に常三郎と改名している。尋常小学校を卒業した後に単身で北海道にわたり、苦学して北海道師範学校に入学し、教育者としての道を歩むようになる。

師範学校を卒業してから、同校付属小学校の訓導（現在の教諭）となり、結婚もしている。文部省検定試験の地理地誌科に合格し、旧制中学校の教員免許を取得した後、師範学校の訓導を辞職し、1901年に上京している。

1903年には、『人生地理学』と題された最初の著作を刊行している。この書物では、小学校のカリキュラムの中心に地理について学ぶ「郷土科」を据えることを提唱していた。北海道から東京へ出てきたのも、地理学者として世に出るためだった。

『人生地理学』は、教育者で『武士道』の著者として知られる新渡戸稲造の目に留まる。それによって牧口は、新渡戸が日本の民俗学の創始者である柳田國男らとともに結成した「郷土会」という組織に加わり、柳田の行った山梨県での民俗調査にも参加している。

しかし牧口は、アカデミックな世界に受け入れられるには至らず、1913年には、東京市東盛尋常小学校の校長に就任している。その後、大正、西町、三笠、白金、新堀の各尋常小学校の校長を歴任することになるが、独自の教育論を展開したことで、左遷されたこともあった。西町尋常小学校の校長をしていた1920年に、人に紹介されて戸田と出会い、彼を臨時代用教員に採用している。

日蓮正宗への入信

牧口に転機が訪れたのは1928年のことだった。牧口は、研心学園（現在の目白学園）の校長だった三谷素啓という人物に折伏され、日蓮正宗の信仰を持つようになる。

なぜ牧口は日蓮正宗に入信したのだろうか。本人はその動機について語っていないが、柳田は、戦後になって当時を回想し、貧苦と病苦にその原因を求めている（『故郷七十年』講談社学術文庫）。尋常小学校の校長を務めていたのだから、貧苦にあえいでいたわけではないだろうが、入信する3年前に牧口が次男を失っていたことは事実である。

むしろ、牧口の入信には時代的な背景があったものと考えられる。というのも、この時代には、田中智学の国柱会に代表されるように、日蓮信仰と皇国史観を合体させた「日蓮主義」の運動が高まりを見せていたからである。牧口も1916年ごろには、鶯谷の国柱会館で開かれた智学の講演会に何度か足を運んでいる。

ただ、牧口は智学の主張には賛同できなかったようで、国柱会には入っていない。もし、牧口が国柱会に入会していたら、宮沢賢治とともに活動することになっていたかもしれない。賢治は1920年に国柱会に入会している。

創価学会の礎を築いた牧口常三郎初代会長

むしろ智学の影響を受けたのは、牧口とともに日蓮正宗に入信し、戦後に創価学会を再興した戸田の方だった。戸田は、創価学会が政界に進出する際に、智学が唱えた「国立《こくりつ》戒《かい》壇《だん》」の建立をその理由に掲げたからである。

牧口は教育者であり、性格が真面目だった。だからこそ、排他的な性格が強い日蓮正宗の信仰にひかれたものと推測される。

日蓮正宗は、日蓮宗の一派で、日蓮の直弟

子である六老僧の一人、日興に遡るが、他の日蓮宗に見られない特異な教義を持っていた。それが、「日蓮本仏論」「板曼陀羅本尊」「血脈相承」である。

日蓮正宗では、日蓮を衆生を救う本仏とみなし、その日蓮の描いた曼陀羅を楠の板に彫ったものを本尊とし、日蓮の教えは日蓮正宗の代々の法主にのみ正しく受け継がれているという立場をとった。これが血脈相承である。要は、日蓮正宗の信仰だけが正しく、他の宗教や宗派の信仰は、正しい仏法から逸脱した謗法だというのである。

牧口は、日蓮正宗に入信した2年後の1930年、主著となる『創価教育学体系』の第1巻を刊行している。この刊行日が11月18日で、創価教育学会が発足した日とされている。それは創価学会でも受け継がれ、11月18日が創立記念日となっているが、1930年の発足の日に特別な催しや出来事があったわけではない。

信仰の深まりと創価教育学会の展開

牧口は、翌年から日蓮正宗の僧侶であった堀米泰栄から日蓮正宗の教義を学ぶようになり、さらには法主であった堀日亨《にちこう》を招いて講習会を開催するようになる。信仰を深めていったわけだが、それと併行して、西欧の哲学において普遍的な価値とされる「真善美《しんぜんび》」を「美利善《びりぜん》」と言い換え、利益の獲得を強調するようになる。

さらには、「法罰論」を展開し、正しい教えに従わない者には罰が下されると主張する。そこに排他的な日蓮正宗の教えの影響を見ることができるが、牧口は、信仰で得た利益や法罰の事例を報告しあう「座談会」を開催する。座談会は、現在の創価学会においてももっとも重視される活動である。

ただ、創価教育学会が組織として大きく発展したわけではない。発足から7年が過ぎた1937年1月に品川で懇親会がもたれた際に、会の名簿がはじめて作られるが、その名簿に載せられた会員数は約100名に過ぎなかった。最盛期においても3000名の会員を得るにとどまった。戦後の創価学会の発展に比べるならば、創価教育学会は小さな組織に過ぎなかった。この時代、会員となったのは、教育に関心を持つ人間たちが中心で、他に中小企業主や給与生活者といった中間層であった。

ところが、戦時体制のもとで宗教教団への統制や規制が強化されるようになり、創価教育学会も、その対象となっていく。牧口は、政策として推し進められていた宗派の合同によって、日蓮正宗が身延山の日蓮宗と合同することに反対した。

日蓮正宗内部には、政府の方針に迎合する動きがあった。その中心となったのが日蓮正宗布教監まで務めたことのある小笠原慈聞だったが、小笠原の主張は、日蓮正宗の宗派内で賛同を得ることができず、日蓮宗への合同はならなかった。日蓮正宗は、1943年4月2日に、単独で宗制の認可をとりつけることに成功する。前の章で狸祭り事件のことにふれたが、こうしたことがあったために小笠原がその標的にされたのである。

戦時下の宗教規制にも信念を曲げず

日蓮宗との合同は阻止されたものの、そこに新しい問題が浮上する。政府は、次第に深刻化していく戦局を打開するために、人心の統一をはかろうとして、各寺院や檀家の祭壇に伊勢神宮の神札である神宮大麻を祀らせようと試みた。それは、日蓮正宗、創価教育学会にも及ぶが、牧口をはじめとする創価教育学会の人間たちは、神宮大麻を祀ることを拒否し、謗法払いとしてそれを焼却している。そのため、学会の座談会には特高刑事が監視にくるようになり、日蓮正宗が弾圧される可能性が高まった。

そこで、日蓮正宗の総本山、大石寺では、牧口や戸田など創価教育学会の幹部たちを呼び、儀礼的な意味で神宮大麻を受けるように勧告した。しかし、牧口は、この勧告を拒否したことで、1943年7月6日に治安維持法違反ならびに不敬罪の容疑で逮捕、拘禁される。

牧口が特高第二課の刑事によって検挙されたときの訊問調書の抜粋が残されているが、そのなかで、牧口は謗法払いについても聞かれている。牧口は、その問いに対して、「謗法払い」ということばは、仏立講（現在の本門仏立宗）で使われるものなので、自分たちでは、「信仰雑乱《しんこうぞうらん》」ということばを使うが、どちらも信仰の邪魔になるものをすっかり取り払い、綺麗さっぱりにするもので、同じことだと述べている。

そして、創価教育学会の根本観念は、最高絶対無二の久遠本仏である本門の本尊に帰依することであって、それ以外のものを崇拝することは信仰雑乱をきたすことになると説明している。取り払いの対象となるものは何かという問いに対しては、神宮大麻をはじめ、明治神宮、靖国神社、香取鹿島神宮などの神札や守札、荒神様や稲荷様、不動様といった祠などいっさいのものだが、神宮大麻は最近どこの家庭でも奉斎しているので、一番取り払いの対象となっていると答えている。

しかも牧口は、天皇が神であることを否定していた。訊問調書には、特高警察の訊問に対する、次のような牧口の答えが残されている。

「私は学会の座談会等の席や又会員其他の人に個々面接の際度々陛下の事に関しまして、天皇陛下も凡夫であつて、皇太子殿下の頃には学習院に通はれ、天皇学を修められて居るのである。

天皇陛下も間違ひも無いではない。明治初年に明治天皇に山岡鉄舟は随分御忠告をして間違ひを指摘されたそうである。と話した事がありますが全く其通りであります」

文部省教学局は、1937年、『國體《こくたい》の本義』というパンフレットを刊行し、そのなかで、天皇が現人神であることを強調した。牧口の、「天皇陛下も凡夫」であり、「間違ひも無いではない」という発言は、『國體の本義』に真っ向から逆らうものとして受け取られたのである。

ただ、凡夫ということばは、元々は仏教の用語であり、煩悩をすべて振り払うことができない衆生のことをさす。牧口は、凡夫ということばをたんに普通の人間の意味で使ったわけではないだろう。

しかも牧口は、天皇を現人神と認めるような発言もしている。それは1942年に刊行された『大善生活実証録　第五回総会報告』に掲載された「会員座談会」での発言である。牧口は、「万世一系の御皇室は一元的であつて、今上陛下こそ現人神であらせられる。即ち天照大神を初め奉り、御代々の御稜威は現人神であらせられる今上陛下に凝集されてゐるのである。されば吾々は神聖にして犯すべからずとある『天皇』を最上と思念し奉るものであつて、昭和の時代には、天皇に帰一奉るのが国民の至誠だと信ずる」と述べている。

天皇を凡夫であるとする発言と、この発言との関係をどのようにとらえるかは難しいところがある。少なくとも、座談会での発言を見るかぎり、牧口は天皇が現人神であることをまっこうから否定しているわけではなく、むしろ、天皇を最上とし、天皇に帰一すべきことを説いている。

しかし、訊問調書に記されているように、牧口は、天皇から発せられた『教育勅語』について、その価値を次のように否定する発言をしている。「教育勅語の中に、親に対しては『父母ニ孝ニ』と明示してありますが、陛下御自ら臣民に対して忠義を尽せと仰せられる事は、却而陛下の御徳を傷付けるもので、左様に仰せにならなくても日本国民は陛下に忠義を尽くすのが臣民道であると考へます」というのである。

牧口としては、天皇が現人神であり、天皇に対して徹底して忠を尽くすべきであるとことさら強調される当時の風潮に強い違和感を持ち、その思いを表明しただけだったのかもしれない。だが、神宮大麻を焼却してしまう行為は、不敬罪が存在する当時においては到底許されるものではなかった。

結局、牧口は1944年11月18日に巣鴨の東京拘置所で亡くなっている。

牧口常三郎の信念と影響

牧口は獄につながれても、信念を曲げなかった。そのまま亡くなっているわけで、彼は殉教者であったと言える。

戦前の日本では、当時の体制的な価値観にそぐわない思想、とくに共産主義の信奉者は弾圧の対象になり、獄に捕らわれた者は少なくなかった。そのなかには、獄中で共産主義の思想を捨て「転向」する人間も現れた。その分、最後まで信念を貫き通した「非転向」の人間は、戦争が終わって釈放されると、高く評価された。牧口も非転向の殉教者にほかならなかった。

牧口は、二度も流罪になりながら、信仰を曲げなかった日蓮の信奉者でもあった。その日蓮信仰が、非転向に結びついた可能性はある。牧口の信仰対象は、そうした日蓮信仰のなかでも特殊な日蓮正宗であった。

日蓮自身のことばに、「四箇格言《しかかくげん》」がある。これは、「真言亡国、禅天魔、念仏無間、律国賊」からなるもので、真言宗や禅宗、法然の念仏宗、そして律宗を強く批判するものであった。日蓮は、そうした間違った教えが広まっているかぎり、日本には国難が訪れると警告した。この警告は、蒙古襲来という形で的中するが、かえって的中させたことで、日蓮の存在は危険視され、晩年は身延山に幽閉された。

日蓮正宗の場合には、そうした日蓮に対する信仰を受け継ぐだけではなく、日蓮宗のなかでも自分たちだけが正しい教えを信奉しているという意識が強くあった。しかも牧口は、神宮大麻の件に見られるように、日蓮正宗の宗派以上に徹底して自らの信仰に忠実であろうとした。

こうした牧口の厳格な姿勢は、戦後の創価学会のあり方にも強く影響した。会員たちは、謗法払いを実践し、他の宗教や宗派の信仰を認めなかった。さらに、牧口の神罰論も受け継ぎ、日蓮正宗・創価学会の信仰を受け入れなかったり、それを否定したりすれば罰が下されると主張した。

牧口と同時に逮捕された創価教育学会の会員のなかで、非転向を貫いたのは戸田と、戸田が会長になった後に代わって第2代の理事長に就任する矢島周平だけだった、したがって、敗戦の時点で、創価教育学会の組織は壊滅状態にあった。それを建て直したのが戸田である。

戸田城聖の生涯と宗教体験

戸田は、1900年に石川県江沼郡塩屋村(現在の加賀市塩屋町)という漁村に生まれた。戸田が2歳のときに一家は北海道の厚田村に移住し、戸田は北海道で育つ。小学校を出た後に札幌の商店に丁稚奉公に出されるが、牧口と同様に北海道尋常師範学校から改称された北海道札幌師範学校で学び、尋常科准訓導の資格を得ている。

戸田は、北海道の炭鉱地帯の小学校の代用教員となるが、その地位に満足できず、上級学校への進学をめざして上京する。そこで牧口と出会い、牧口が校長をしていた西町尋常小学校に欠員が出たため、代用教員に採用される。

戸田は、牧口が三笠尋常小学校に転任になると、自らもそちらに移っている。だが、牧口が白金尋常小学校に移った際には、代用教員を辞め、生命保険の外交員になっている。ただ、牧口との付き合いは依然として続いていて、牧口に学習塾をやってみないかと提案されると、1923年12月には目黒駅の近くに「時習学館」という学習塾を開いている。

戸田は、教育産業に転じたことになる。1929年からは中学受験のための公開模擬試験をはじめる。これが大当たりし、1930年に刊行した『推理式指導算術』という受験参考書もベストセラーになった。戸田は、教育産業で成功したことで、さまざまな事業に乗り出し、出版社や食品会社に出資し、手形割引の会社を作り、証券界にも進出している。

戸田には実業家としての才能があったことになるが、牧口とともに入信した日蓮正宗の信仰もあり、創価教育学会を財政的に支えた。だからこそ戸田は、牧口とともに獄につながれたわけである。

牧口の方は、そのまま亡くなってしまうのだが、戸田は、獄につながれている間に宗教体験をし、それが、戦後展開する「生命論」に結びついたとされている。

獄中で得た「生命」の悟り

では、その宗教体験はいかなるものだったのだろうか。それについては、池田を著者とする小説『人間革命』の第4巻冒頭の「生命の庭」という章に書かれている。

戸田が収容された独房は2畳ほどの広さしかなかった。彼は1944年の元旦から、『日蓮宗聖典』にある白文の法華経を読みはじめる。戸田としては、他の本の差し入れを希望していたのだが、看守や雑役夫たちは不親切で、必ずこの『日蓮宗聖典』が戻ってきてしまうのだ。

戸田は、法華経の開経とされる無量義経から読みはじめる。それは、他の大乗経典がそうであるように、「如是我聞」ではじまり、釈迦が王舎城の耆闍崛山《ぎしゃくっせん》で2万人の大衆を前にして行われた説法であることが示される。そのことは戸田に理解できた。

ところが、その次に「其身非有亦非無」からはじまる13行の偈《げ》が出てくる。偈は、仏などの徳を韻文の形で示したもので、その偈は仏の実体をさすものだというのである。

そこには、「……に非ず」という否定が34もある。仏の実体は、この34の否定によって説明されることになる。

これはいったい何なのか。

戸田は、「三十四の『非』は、形容ではない。厳として実在する、あるものを説きあかそうとしているのだ」と直感するが、それが何かがわからない。

戸田は、南無妙法蓮華経の唱題を続けながら考え続けると、そのなかで、彼の脳裏には突然、「生命」ということばがひらめく。34の否定で示されたものは生命であり、仏とは生命のことだったのだ。

組織拡大に尽力した中興の祖、戸田城聖第2代会長

この一種の悟りの体験を経て、戸田は、法華経が何を説いているのか、その全体を理解していく。そして、その理解を日蓮の記した「三大秘法抄」と結びつけ、「あの六万恒河沙の中の大衆の一人は、この私であった。まさしく上首《じょうしゅ》は、日蓮大聖人であったはずだ。なんという荘厳にして、鮮明な、久遠の儀式であったことか。してみれば、おれは確かに地湧《じゆ》の菩薩であったの

だ！」という理解に達する。上首とは、一座のなかの最上位の者のことであり、地湧の菩薩とは、法華経の信仰を広める広宣流布の使命を担い、その遂行を実践する者のことである。

『人間革命』は、1973年に映画化されている。そのなかでは、かなりの時間を費やしてこの場面が描き出されていた。戸田を演じたのは丹波哲郎で、監督は桝田利雄、脚本は橋本忍であった。生命ということばに到達した後の丹波の恍惚とした表情が印象的だった。

この戸田の獄中での体験は、創価学会において「獄中での悟達」と呼ばれるようになり、重視される。だが、果たして実際にこうした出来事が起こったのかどうか、その点が定かではない。

というのも、戸田自身が著者になった『小説 人間革命』での描写は、これとはかなり違うからである。

『小説 人間革命』と『人間革命』における獄中悟達体験の表現の変化

池田の『人間革命』は全体で12巻に及ぶが、戸田の『小説 人間革命』は上下2巻と短い。『小説 人間革命』は、最初機関紙である『聖教新聞』に連載されたが、単行本として刊行されるにあたって、かなりの改訂が施されている。ここでは、獄中での悟達に相当する部分について、新聞連載の方を紹介する。文中の「彼」とは戸田をモデルにした小説の主人公、巌さんのことである。

彼は仏の三身の説を知らなかったのである。只此の経典から仏の実体を汲み取ろうとして思索に入ったのであった。次下の応身の説に於てはほゞわかる様な気がしたが法身報身を説かれていた此の無量義経の説には彼はほと〳〵当惑したのであった。

思索する事数時間、彼はハタと手を打ったのであった。

「仏とは生命なんだ。生命の一部の表現なんだ。それは外にあるものでなくて自分の命にあるもんだ、いや外にもあるそれは宇宙生命の一実体なのだ」

『人間革命』と比較した場合、ここでの描写はあまりにあっけなく、また、生命についての認識はつたない。これが、『小説 人間革命』の単行本においては劇的に表現されるようになる。さらに『人間革命』ではより洗練された形をとり、映画の感動的な場面に結びついたのだった。

軽妙な講演スタイルと『小説 人間革命』の舞台裏

戸田は、戦後に創価学会として組織の再興をはかる前の段階で、2カ月にわたって法華経の講義を行っている。日蓮は膨大な文章を残しており、それは一般に「遺文」と呼ばれるが、創価学会では、日蓮正宗に従ってそれを「御書《ごしょ》」と呼ぶ。戸田は御書についても講義を行っている。

その点で、戸田が宗教的な指導者であったことは間違いない。だが、こうした講義の他に、戸田には自らの思想を述べたまとまった著作はない。その点で、師匠である牧口とは異なっている。むしろ戸田の本領は、彼が創価学会の会員たちを前に行った講演において発揮された。

創価学会では、戸田が亡くなってから、その講演を録音したLPレコードを作っている。『創価学会会長　戸田城聖先生の教え』と題されたそのレコードは25枚あり、後にCDにもなっている。

レコードを聞いて、最初に感じるのは、戸田の講演は、田中角栄元首相の演説に似ていることである。田中ほどだみ声ではないが、野太い声やざっくばらんな語り口は、田中を彷彿とさせる。戸田は、北海道の厚田郡厚田村で育つが、生まれは石川県だった。同じ北陸の出身ということで、戸田と田中は似ているのであろう。

何より驚くのは、明らかに酒を飲んだ上で行われている講演があることである。戸田は演台に酒を置かせ、それを飲みながら講演をした。よく街の酔っ払いがくだを巻いて滔々《とうとう》と自説を披露することがあるが、なかにはそれに近いものも含まれている。それでも、講演を聞く会員たちは、そうした戸田の話に笑い声を上げ、さかんに拍手している。

極めつきは、『小説 人間革命』の刊行を前にしての講演である。それは1957年6月の初旬から中旬にかけて行われたものと推測される。その際に、「戸田先生の、小さいときからの自叙伝を書いてほしい」という質問に答えているのだが、戸田はまず、そうした本が近々刊行されることを告げる。驚くのは、講演のなかの次の部分である。

「それで、それは嘘書いてあるんだぞ。本当のこと書いてないんだよ。だけども、僕の精神は書いてある。どういう風に書いたかっていうとね、ある印刷屋の職工（巌さん）がおってさ、その職工がね、そいつが、ともかく信仰した経路を書いてみたんだよ。

そして僕が牢へ入ったときのことをね、そこからは本当なんだよ。牢へ入ったところからは本当なんだよ。その前はデタラメなんだよ。

いよいよ来月あたり、今月中には本になってくると思うんだけどね、宣伝してくれよ、おい。これは、名前は『小説 人間革命』という。『小説 人間革命』という題なんです。これはうまく書いたからな」

果たして牢に入ってからのことが本当なのかどうか、すでに見たところからすれば怪しい。だが、自伝的な小説であるにもかかわらず、「嘘書いてある」と言い放ったところがいかにも戸田らしい。もちろん、会員たちは大爆笑していた。

「現世利益」の教えと信仰実践

こうしたあけすけでざっくばらんなところが、会員たちには大いに受けたわけだが、戸田が彼らに対して強調したことは、強い信仰を持ちさえすれば、現世において幸福が得られるという「現世利益」の教えだった。

一般の宗教においては、来世における幸福が強調される。現世においてしっかりとした信仰を持てば、極楽や浄土、天国といった来世において幸福が実現されるというのだ。日本であれば、浄土教の信仰がそれにあたる。キリスト教でもイスラム教でも、その点は同様である。あるいは、創価学会と同時代に急速に発展した、同じ日蓮系・法華系の新宗教、霊友会や立正佼成会でも先祖供養が重視され、先祖の来世における幸福の実現が、ひいてはその供養を行う人間の功徳になることが説かれた。

ところが、創価学会では、当初の段階から来世への生まれ変わりが強調されることはなかった。それ以上に重要なのが現世利益の実現である。そこには、宗祖である日蓮の影響があった。日蓮は、彼が生きた時代に広まっていた浄土教の信仰を、正しい仏法に背く謗法として強く批判し、そのために二度にわたって流罪にされている。

では、正しい信仰とは何か。戸田は、その実践として折伏と「勤行《ごんぎょう》」を求めた。折伏についてはすでに説明したが、勤行は、朝と夕方に行われるもので、法華経の「方便品《ほうべんぽん》」と「如来寿量品《にょらいじゅりょうほん》」を読誦し、「南無妙法蓮華経」の題目をくり返し唱えることだった。これは、創価学会や日蓮正宗だけに限られることではなく、日蓮系の教団全般で行われてきたことだが、とくに戦後の創価学会では重視され、会員たちは熱心にその実践に励んだ。

なぜ折伏や勤行が現世利益の実現に結びつくのか。そこに明確な因果関係があるわけではない。けれども、折伏を行うことで同じ信仰を持つ仲間が生まれることは事実である。後には『聖教新聞』の拡大が同様の意味を持つようになる。勤行の場合には、それに励めば励むほど、自分が正しい信仰を持っていることを強く自覚できるようになる。それは、生きていく上での自信にもつながった。

都市下層のニーズと創価学会の急拡大

ここで重要なことは、酔って講演し、あけすけなことを語り、ひたすら現世利益の実現を説いた戸田についていった創価学会の会員たちがどういった人間だったのかである。戸田が創価学会という組織の再興をはかったのは、戦後すぐの段階においてである。しかし新宗教のなかで、創価学会がいち早く拡大に成功したわけではない。

1951年8月には、新宗教の連合組織として「新宗教団体連合会」が発足し、この組織は同年10月には「新日本宗教団体連合会」に発展する。新宗連という通称で呼ばれることが多いが、現在でも公益財団法人として活動を展開している。新宗連には、PL教団、立正佼成会、世界救世教などが加わったものの、創価学会は入っていない。

それは、創価学会が他の宗教や宗派の信仰を認めないからでもあるが、その時点で創価学会がそれほど発展していなかったことも影響している。1951年末の時点で、新宗連では中心的な役割を担う立正佼成会の会員が9万世帯を超えていたのに対して、創価学会は約5700世帯に過ぎなかった。

創価学会が大きく飛躍するのは、1950年代半ばからはじまる高度経済成長の時代においてである。

戦争に敗れた日本には復興ということが大きな課題になった。戦争の傷跡は大きく、復興には困難が伴った。ところが、朝鮮戦争が起こり、そこに特需が生じたことを起爆剤にして、日本経済は大きく発展していく。経済成長率が毎年10%をはるかに超える高度経済成長がはじまったのだ。それが、創価学会を大きく発展させていくことになる。

その関係については、拙著『完全版　創価学会』（新潮新書）などでふれてきたが、1950年代から1960年代にかけて創価学会の会員になったのは、高度経済成長の波に乗って労働力として都会に出てきたばかりの人間たちだった。

高度経済成長は、産業構造の転換を伴った。それまでの日本社会は農業などの第1次産業が中心だったが、鉱工業の第2次産業、さらにはサービス業の第3次産業への転換が進むこととなった。すでにそれは戦時体制において準備されていた。

農家の場合、家を継ぎ、田畑を受け継ぐのは、基本的に長男である。地域によっては末子が継ぐところもあるが、後継者とならない次三男《じさんなん》の場合には、分家するか他家に養子に出るか、それとも他に職業を求めなければならなかった。家にとどまっても、結婚もできず、使用人同様の境遇に甘んじる可能性が高かった。

産業構造の転換に伴い、都市部では、第2次や第3次の産業に従事する労働力が大量に求められた。農家の次三男は、そこに活路を見出し、次々と都会に出ていった。ただ、彼らは小学校や中学校しか出ていなかった。義務教育が中学にまで拡大されたのは戦後の1947年になってからのことで、1950年代には小学校しか出ていない人間が少なくなかった。

創価学会の会員の属性については、社会学者の鈴木広による研究があり、その詳細は、1970年に刊行された『都市的世界』(誠信書房)にまとめられている。鈴木は福岡市の創価学会について面接調査を行った。それによれば、福岡市の会員たちの職業は、「零細商業・サービス業の業主・従業員と、零細工場・建設業の工員・単純労働者など」であった。鈴木は、この調査結果をもとに、創価学会が都市下層のための宗教組織であると結論づけた。

その職業からして、創価学会の会員たちは低所得で、しかも、労働組合に加入することもできなかった。零細な職場には労働組合など存在しなかったからである。その分、生活は不安定である。鈴木は、彼らは常に「生活保護世帯に転落する危険と不安にさらされている」ことを指摘していた。

そこに手を伸ばしたのが創価学会であった。現世利益の強調は、都市下層にとって極めて魅力的なことだった。創価学会に入れば、すぐに仲間ができる。地方から都市部へ出てきたばかりの人間たちは、地方にあった人間関係のネットワークから切り離されてしまっていたわけで、新たなネットワークを求めていた。創価学会はまさにそれを提供し、新たな都市住民の生活基盤を確立することに貢献した。そこに急拡大の原因があった。

高度経済成長の時代、地方から都市部へ労働力として出てくる人間たちは「金の卵」として歓迎された。彼らを送り込んだのが「集団就職」というシステムであり、専用の列車も編成された。しかし、彼らの生活を安定させる社会的な基盤の整備は十分ではなく、それを創価学会が補ったのである。

高度経済成長期の戦術と戦闘的な組織化

戸田の説いた内容や、そのざっくばらんな姿勢は、新たに会員となった人間にとってわかりやすく、また、自分たちの切実な願いを実現してくれるものとして受け取られた。

しかも、会員に対しては、「座談会」という場が用意されていた。これは、すでに述べたように、牧口が考案したものである。そこでは、どれだけ折伏できたのか、信仰によってどういった利益を得られたのかを発表する。それまで、創価学会の会員たちには、自分の考えを公の場で述べる機会などなかった。しかもそこでは、成果や利益について発表すれば、他の会員から拍手喝采で迎えられた。それは、今風に言えば、「承認欲求」が満たされ、自信を持つことにつながった。

戸田という存在がなかったとしたら、創価学会が高度経済成長の時代に大きく発展することはなかったであろう。そこが、インテリで真面目な牧口との大きな違いだった。戦前の創価教育学会の会員たちは、教員を中心とした知識人階級だった。その枠にとどまっていたら、創価学会が巨大教団に発展することはなかった。

しかも戸田は、創価学会を戦闘的な組織に仕立て上げていった。戸田は、それまで実業家として活躍していたが、「ドッジ・ライン」という財政金融の引き締め政策が実施され、経営していた信用組合が業務停止を命じられると、信用組合を整理し、創価学会の理事長の座を下りて、創価学会の第2代会長に就任する。宗教活動に専念するようになったのだ。

1951年5月3日に、戸田の会長就任式が行われるが、そこで、自分が生きている間に75万世帯の折伏をすると宣言した。この時点で、創価学会の会員は1000世帯ほどだったから、戸田は途方もない宣言をしたことになる。しかし、戸田が亡くなる1958年末には、目標をはるかに超え、創価学会の会員は100万世帯に達していた。

戸田の宣言によって「折伏大行進」と呼ばれる大々的な布教活動が展開される。戸田は、1951年11月には、教学部編として『折伏教典』を刊行する。これは、日蓮正宗・創価学会の教えについて解説するとともに、他の宗教や宗派の教えについても解説しており、その教義上の誤りを指摘したものだった。会員たちは、それに従って強力な折伏を展開した。

1954年10月には、全国から約1万3000人の青年部員を富士山麓に集め、出陣式を行っている。この時代の創価学会は、青年会員を男子青年部隊と女子青年部隊に編成し、そこに参謀室をおくという軍隊の組織を真似たものになっていた。それによって戦う組織であることを鮮明に打ち出した。それが、前の章で詳しく見た小樽問答での法論に発展したのである。

創価学会の政界進出

その上で戸田は政界進出を画策する。1955年4月の地方議会議員選挙で、東京都議会や23区の区議会などに候補者を立て、総計で53名を当選させた。翌年の参議院議員選挙には6名の候補者を立て、全国区で2名、大阪地方区で1名を当選させた。

そのときの大阪地方区の定員は3名に過ぎなかった。創価学会が立てた候補者の白木義一郎は、慶應大学の野球部の出身だった。六大学野球では投手として活躍し、卒業後はプロ野球のセネタース（現在の北海道日本ハムファイターズ）に入団し、7年で97勝とかなり活躍した。その点で白木は、タレント候補でもあったことになる。

ただ、そのときの選挙では、自由民主党と日本社会党が大阪地方区でそれぞれ2名ずつを立てており、漁夫の利を得た形にもなった。それでも、創価学会は全体で99万票を獲得し、白木も22万票近くを集めている。

創価学会は東京に生まれた組織であり、大阪に生まれたわけではなかった。それでも白木が大阪地方区に立ったのは、プロ野球選手時代の最後に、大阪に本拠をおく阪急ブレーブス（現在のオリックス・バファローズ）に移っていたからである。池田の『人間革命』第10巻に、白木は春木として登場するが、「春木は、関西の地で、プロ野球の名選手の一人として活躍しつつ、創価学会の活動を始め、やがて信心に全力投球し、関西の広宣流布の基盤を築いた」と述べられている。

白木には地の利があった。ただし、参議院議員選挙が行われた時代、大阪における創価学会の会員は3万世帯に過ぎなかった。それも、高度経済成長はまだはじまったばかりで、創価学会は急拡大をしていたわけではなかったからである。

この選挙において、大きな働きをしたのが池田である。戸田が画策した政界進出は、池田によって受け継がれていくが、戸田と池田とのあいだには方針の上で大きな違いもあった。

次の章では、池田の時代になって政界進出がどのように進んでいったかを見ていくことにする。

第3章

政権奪取の夢

「仏法は勝負だ」

創価学会の組織において、大阪を中心とした関西の地域をさして「常勝関西」という言い方がされる。

戸田城聖が会長だった時代から、創価学会の会員たちは、「勝負でいこう」、「仏法は勝負だ」ということばをくり返していた。この考え方は、宗祖である日蓮に遡る。1277（建治3）年に記された日蓮の遺文に、「四条金吾殿御返事（世雄御書とも呼ばれる）」がある。四条金吾とは、鎌倉に住んでいた日蓮の中心的な弟子の一人だった。四条金吾にあてた手紙が、この遺文で、そこには「夫《そ》れ仏法と申すは勝負をさきとし、王法と申すは賞罰を本とせり」と述べられている。

創価学会では日蓮の遺文を「御書」と呼ぶわけだが、実は一つ難しい問題がある。日蓮には膨大な数の遺文があるが、そのなかには自筆で残されているものと、そうでないものがある。自筆は「真蹟《しんせき》」と呼ばれ、間違いなく日蓮が書いたものである。筆跡についての研究もかなり進んでいる。

ただ、真蹟のなかには、かつては存在したものの、現在では失われたものがある。

1875（明治8）年に日蓮宗の総本山、身延山久遠寺で大火災が起こり、そのときいくつかの真蹟が焼けてしまった。それは、かつてあったということで「曾存《そうぞん》」と呼ばれる。曾存も、日蓮が実際に書いたものと考えていい。

それに対して、真蹟でもなく曾存でもない遺文が多数存在する。それが「写本」である。写本のなかには、日蓮が書いたと証明されているものもないわけではないが、むしろ日蓮に仮託された偽書が少なくない。とくに日蓮正宗においては、それが多い。この「四条金吾殿御返事」も、真蹟はなく、写本でしか伝わっていない。偽書である可能性が高い。

軍隊式の組織編成で選挙戦に臨む

勝負ということに関連するが、戸田の時代の創価学会の組織は、軍隊を真似て、部隊として編成されており、会員たちには信仰上の戦いを展開しているという意識が強かった。会員たちが歌うのも、『同志の歌』、『同志の桜』、『桜花』、『日本男子の歌』、『女子部闘争歌』といったもので、そのタイトルからもわかるように軍歌をもとにしていた。また、会員たちは、中国の古典である『三国志』や『水滸伝』を好み、自分たちをそうした物語に登場する英雄になぞらえていた。そうした組織であるからこそ、「仏法は勝負だ」というスローガンが広く受け入れられたのである。

戦いという観点で考えるならば、選挙ほど結果がはっきりするものはない。候補者が当選すれば、それは組織の勝利になるからである。

しかも、選挙活動の期間には、それに参加した人間の士気は次第に高まっていく。以前、実際に選挙に出て、わずかの票しか獲得できなかった人間に話を聞いたことがあるが、投票日が近づくにつれ、選挙活動は盛り上がりを見せ、最後の段階では、もしかして自分は当選できるのではないかと錯覚したと語っていた。

戸田は、政界進出を果たしたとき、「国立戒壇の建立だけが目的なのである」と、宗教的な信念にもとづく行動であることを強調した。国立戒壇は、前の章で述べたように、戦前において国柱会の田中智学が唱えたものであった。

この国立戒壇が何を意味するのか、実はその点は曖昧だった。創価学会以外の人間は、日蓮正宗の国教化を意味するものと解釈したが、戸田は、そうしたとらえ方を「妄説」として否定した。ただ、国立戒壇は、日蓮正宗の総本山である大石寺に建立されるもので、そこには板曼陀羅が祀られる。それが国立であれば、戒壇は国会の議決を通して承認されることになっていた。

　こうした国立戒壇の建立はあくまで表向きのスローガンで、実際の目的は別にあったと見ることもできる。

強引な選挙活動も交えつつ、初の国政選挙で3議席獲得

　戸田は、はじめての参議院議員選挙に候補者を立てる前の1956年3月末に行われた本部幹部会の講演で、創価学会の選挙を文化活動と位置づけ、選挙をやる理由を二つあげていた。一つは、選挙になると会員たちの目の色が変わってくるので、支部や学会の信心を締めるために使えるというのである。もう一つは、創価学会には金がないので、自ずと公明選挙になり、それが国家の救済に役立つとした。この時代、公明選挙は清く正しい選挙活動のスローガンだった。

　創価学会は、政界に進出するにあたって、組織のなかに「文化部」を設けた。戸田が選挙を文化活動と位置づけたからである。そして、文化部に所属する会員が候補者となった。この時代にはまだ公明党は結成されていなかった。

前の章で、最初に創価学会の文化部が挑んだ参議院議員選挙の時点において、大阪の会員は3万世帯に過ぎなかったのに、22万票近くを集めたことにふれた。現在の公明党の選挙においては、創価学会の会員が知り合いに投票依頼を行い、それで多くの票を稼ぎ出していくが、当時は票を増やすことは、そのまま会員を増やすことを意味した。「広宣流布」と呼ばれた布教活動が、そのまま選挙活動に結びついたのだ。広宣流布のもっとも有効な手段が折伏であったため、創価学会の選挙活動は自ずと激しいものとなった。

その結果、1956年7月のはじめての参議院議員選挙では、戸別訪問の疑いなどで、全国で家宅捜査が入り、逮捕者も出た。たとえば神奈川県警は、6月24日の朝、21箇所を家宅捜査し、会員20人に任意出頭を求めて取り調べた。会員たちは、5月のはじめから仲間の会員宅や一般家庭を戸別訪問し、全国区に立候補している幹部の名前を書いた紙片を「お札」と称し、「これを神様に供えろ」と渡したり、同候補への投票を承諾した人間から署名をとり、投票しないと病気になると言い歩いたりしていた（『朝日新聞』1956年6月25日付朝刊）。

創価学会側は、『聖教新聞』の7月1日付で、これは警察による選挙妨害だと大々的に報じ、会員たちは新聞を持って警視庁管内の警察署や交番を訪れ、「これを読んで警察は反省せよ」という「折伏説教戦術」をはじめた（『朝日新聞』7月5日付朝刊）。

選挙運動をはじめたばかりの会員たちは、公職選挙法を無視し、普段行っていた強引な折伏の延長線上で選挙を戦い、創価学会の文化部員は全国区で99万1539票を稼ぎ出した。これによって3議席を獲得するが、はじめての国政選挙でそれだけの議席を獲得できたのは驚異的なことだった。

池田大作が陣頭指揮に立った大阪での補欠選挙

さらに激しかったのが、次の選挙である。

1957年4月には参院大阪地方区で補欠選挙が行われた。補欠選挙は1議席を争うわけで、創価学会の候補者に当選の見込みはなかった。自由民主党と日本社会党が強かったからである。しかし、大阪の組織は、前年に選挙違反に問われ、混乱状態にあった。そこで、組織の再建のために、船場《せんば》支部長だった中尾辰義を候補者に立てた。その陣頭指揮にあたったのが、参謀室長兼渉外部長の池田大作だった。

選挙の後、創価学会の理事長で東京都議の小泉隆ら45人が買収の容疑で、池田ら3人が戸別訪問の容疑で逮捕された。日雇い労働者に、中尾の名前が書かれたタバコを数百個ばらまいたり、中尾の名刺をつけて百円札を各戸にほうり込んだりしたからである。

これによって池田は、大阪東署と大阪拘置所に15日間勾留されている。創価学会は、これを「大阪事件」と呼ぶ。小泉と池田は裁判にかけられたものの無罪になった。だが、起訴された会員のうち20人が有罪判決を受け、罰金や公民権停止の処罰を受けている。創価学会の会員が違法な選挙活動をしたのは事実である。

それだけ創価学会は激しい選挙戦を展開したことになるが、中尾は約17万票を獲得し、得票率は20・0%に達した。前年の参院選では、白木義一郎が3位で当選しており、大阪にはすでに強い地盤があった。票数はそのときより減ったものの、中尾は相対得票率を3・4ポイント増やしている。相対得票率は投票総数を母数として算出するものである。

大阪の創価学会は、2年続けて参議院議員選挙と補欠選挙を戦った。しかも、公職選挙法に違反するほどの激しい選挙戦だった。それによって、創価学会は得票数を増やし、会員を拡大した。これが「常勝関西」を生むことにつながったのである。

その先頭に立って活動した池田が最初に大阪を訪れたのは、大阪事件の5年前、1952年のことだった。25歳の池田は一人で大阪に乗り込み、到着直後に堺市内で行われた座談会に出席している。翌日には、講演会のために大阪に来た戸田を出迎えている。そして、最初に参議院に進出した1956年には1月から半年にわたって大阪に滞在し、折伏の先頭に立って活躍した。

当時は、新幹線などなく、飛行機も運賃が高く、簡単には利用できなかった。そのため、東京から大阪まで行くだけでもかなりの時間を要した。東海道線が全面電化されたのは1956年のことで、東京から大阪まで7時間30分かかった。池田が大阪での活動に邁進したのは、その前のことである。1958年に特急こだまが走るようになり、所要時間は短縮されたが、それでも6時間50分かかった。池田のその当時の日記を読むと、一人で東京と大阪を頻繁に往復していたことがわかる。

これが、池田と大阪を中心とした関西とを強く結びつけることにつながった。池田は、その生涯において大阪を中心とした関西地域を258回も訪れている。最後の訪問は、2007年11月のことだった。池田は、日本各地を、さらには世界各国を精力的にまわったが、その時期になると、ほとんど地方に出向くことがなくなっていた。九州だと1999年が最後で、四国だと1991年に遡る。名古屋を中心とした中部には、生涯において100回以上訪れているが、それも途絶えていた。最後の大阪訪問は2000年

12月以来、約7年ぶりのことで、いかに池田と大阪の縁が深かったかがわかる。

創価学会の組織拡大と「常勝関西」

参議院議員選挙を、創価学会の本部がある東京ではなく大阪で戦ったのは、前の章で見たように、最初に候補者となった白木義一郎が大阪に地盤を持っていたからだが、それは創価学会の組織を発展させる上で重要な意味を持った。

同じ時代に急速に拡大した新宗教には、霊友会や立正佼成会、ＰＬ教団があるわけだが、霊友会と立正佼成会は、東京を中心とした東の地域に主に広がり、ＰＬ教団は、大阪の富田林市に本部を構えていたことから、西の地域で広がった。それに対して、創価学会は、当初は東京が中心だったが、大阪で広がりを見せることで、やがては全国に展開していく。創価学会が、他の新宗教を凌ぐ勢いで拡大していく上において、「常勝関西」の台頭は重要な意味を持った。

池田は、小樽問答において、創価学会が日蓮宗に法論で勝利したというイメージを作り上げることに大きく貢献した。さらに、大阪での選挙戦では陣頭指揮をとり、大きな成果をあげた。

ところが、池田の師匠であった戸田は、補欠選挙の翌年、1958年4月2日に58歳で亡くなっている。死因は急性心衰弱だった。その年の3月16日には、創価学会が中心になって寄進した大石寺の大講堂で、「広宣流布の模擬試験」というイベントを行っていた。模擬試験と題されたところに、教育産業で成功をおさめた戸田らしさが示されているが、その時点で、戸田はすでにかなり弱っていた。

戸田は、その模擬試験に、当時総理大臣だった岸信介を招待していた。戸田はそれに大きな期待をかけていたが、当日になって岸は戸田に電話をかけてきて、急用で東京に戻らなければならないので模擬試験には出席できないと告げた。戸田はこれに激怒したが、岸の周辺にいた人間たちが、出席を中止させたのだった。一宗教団体のイベントに総理が出席するのは問題だとされたのである。代わりに女婿《じょせい》の安倍晋太郎が出席したが、このことは戸田を相当に失望させた。それも死期を早めることに結びついたのかもしれない。

戸田の葬儀は青山葬儀所で営まれたが、これによって創価学会の会長は空位となった。戸田が第2代会長に就任するまでのあいだも、やはり会長は空位だった。池田が第3代会長に就任するのは、それから2年が過ぎた1960年のことだった。

戸田と池田の政治アプローチの違い

重要なのは、戸田と池田とでは、政治の世界とのかかわり方に大きな違いがあることだった。

戸田は、1955年、鶴見支部第4回総会での講演で、選挙の候補者となる文化部員の闘争は政治のための政治ではないとして、「創価学会党」を作ることを否定した。文化部員のなかに、社会党、自由党、民主党、さらには共産党がいても一向にさしつかえないとさえ述べていた（『聖教新聞』1955年4月3日付）。

実際、最初の地方議会選挙の際、東京の区議として当選した文化部員のうち、5人が日本民主党に所属し、1人が社会党右派に属していた。この点にかんして、『公明党論』（青木書店→南窓社）を書いた毎日新聞記者の堀幸雄は、このことは創価学会の政界進出が「政治の為の政界進出でない」ことを物語っていると指摘している。

戸田の講演について伝えたのと同じ日の『聖教新聞』には、「文化部員の政界への進出」という記事が載っていた。そこでは、宗教と政治は自《おの》ずから異なるものであるから、「学会がその宗教上の団結を利用して政党を結成してこれに当たる事は全くの誤りとなる」とされ、独自の政党の結成は真っ向から否定されていた。

池田も、会長に就任して間もない1960年6月10日の中部総支部幹部会で、「創価学会は衆議院には出ません。なぜならば、あくまでも宗教団体ですから。政治団体ではありませせん。参議院の方は、これはあくまでもあらゆる団体の代表が出て、衆議院の方からまわった、いろいろな法案というものを、厳正中立の立場で『これはよし、これはいかん』というふうに審議する立場ですから、これはかまわないわけです。各団体が出るところですから」と語っていた。これは、参院を「良識の府」と見なす一般的な見方にもとづくものだった。

池田は、機関誌である『大白蓮華』1961年6月号の巻頭言でも、「われらは政党ではない。ゆえに、けっして、衆議院にその駒を進めるものではない。参議院ならびに地方議会等、その本質にかんがみて、政党色があってはならない分野に、人材を送るものである」と述べ、政党を結成する意思がないことを表明していた。

こうした創価学会の姿勢がもっともよくあらわれたのが、1960年の安保改定のときだった。池田が会長に就任したころは、日本全国で安保反対闘争が盛り上がりを見せていた。ところが創価学会は、保守、革新のどちらにつくこともなく、事態を傍観する立場をとった。創価学会の参議院議員についても、安保改定に対してどういった姿勢をとるか、個人の判断に任された。

ただ池田のなかで、会長に就任する以前から戸田とは異なる考えが芽生えていたこともたしかである。池田は、創価学会が国会内に小会派を作ることを否定はしたものの、「学会から推薦されて立った議員たちが、将来、時代の要求として大衆の要望としてそのようなものをつくらざるをえない場合にはやむをえないこと」であると、政治団体の結成には含みを持たせていた（『聖教新聞』1959年6月20日付「参議院選挙の批判に答える」）。

公明政治連盟の設立とその基本政策

池田には、師匠である戸田と異なる考えがあった。しかし、会長に就任した時点で、彼はまだ32歳の若さであり、すぐに会長として確固とした地位を築いたわけではなかった。そこで、会長就任直後の段階では、戸田の考え方を踏襲し、自分の考えは表に出さなかったのだろう。

しかし、池田は会長に就任してからちょうど1年が経った1961年5月3日には、文化部を文化局に昇格させている。文化局には政治、経済、教育、言論の4つの部がおかれた。文化局は「第三文明建設の実行機関」と位置づけられ、11月27日には「公明政治連盟（公政連）」と呼ばれる政治団体を結成している。

池田は、会長に就任する前の年から、「第三文明」ということばを使うようになっていた。それは、自民党と社会党が拮抗したいわゆる「55年体制」のなかで、第3の勢力を志向することを主張するものだった。池田は、共産思想や自民党思想のような偏った思想ではない第三文明を確立する必要性を訴えた（『聖教新聞』1959年7月10日付）。

公政連が結成された翌年の1962年1月7日に、その「基本要綱」が発表されたが、それを見ると、政党化へ一歩踏み出した印象を受ける。基本要綱は、次のようなものであった。

一、現今の政界は保守、革新を問わず、派閥抗争に明けくれ党利党略を重んじ、日本国民の福祉を忘れ、大衆とまったく遊離しつつあることを深く憂うるものである。

一、公明政治連盟はこれらと本質的に異なり「社会の繁栄が即個人の幸福と一致する」諸政策を推進し、日本国民の真の幸福と繁栄のみならず、広く世界人類の永遠の平和実現を期すものである。

一、われらの政治理念は、日蓮大聖人の立正安国の精神を根本とし、その最高の哲理と最大の慈悲を基調とし、近代的にして、もっとも民主的な政治団体としての活動を行なうとともに、いっさいの不正に対し厳然たる態度を明確に行なうことを公約する。

最後の項目では、公政連が政治団体であることが明言されていた。しかも、保守勢力や革新勢力が党利党略に走っていると批判され、それとは異なる政治の実現がめざされていた。同時に発表された「基本政策」では、核兵器反対、憲法改悪反対、公明選挙・政界の浄化、参議院の自主性確立の4つの政策があげられていた。

公政連は、宗教的な精神にもとづき政界の浄化、刷新を実現し、国民全体の幸福や福祉の実現をめざしている政治団体と規定された。基本政策も、「憲法改悪反対」といった点は、護憲を掲げる革新側に近いものの、それほど政治的な姿勢は明確ではなかった。

その後、3月に発表された「基本的政策」も総花的で、海外移住の促進や勤労所得税の撤廃を求めるとともに、中小企業優遇策を求める点には、中下層階級に属し、中小企業の経営者、勤労者、それに自営業者などが多い創価学会員のおかれた状況が反映されていた。

公明政治連盟の進化と創価学会の政治参加

1963年6月18日に開かれた公政連の第2回全国大会では、今後4年間にわたる活動の方針として、「1、現在全国に1200余ある『市民相談所』と1万数千余ある『連絡所』をさらに拡充する。2、各議会報告会をきたる9月以降から全国各地でいっせいに行う。3、連絡員の団結強化。4、大衆福祉の向上を目的とした政策、活動の充実」の4つを重点とすると発表している（『朝日新聞』1963年6月19日付朝刊）。

市民相談は、現在でも公明党議員のもっとも重要な活動になっているが、政策として具体性があるのはこれだけで、あとはスローガンとして大衆福祉の向上があげられているだけだった。この段階の公政連は、創価学会文化部出身の議員を結集するための政治団体という性質を出ていなかった。

1963年の地方選では、従来、公政連の候補者は、創価学会の推薦は受けたものの、無所属で出馬していた。それが、都道府県議、市議、区議については公認として届け出ることに方針が転換された（同、2月24日付朝刊）。

公政連は、創価学会の外側に作られた組織ではあったものの、そこに属するのは学会の文化局政治部の人間たちであり、学会から完全に独立しているとは言えなかった。公政連の幹部や参議院議員は、依然として創価学会の幹部でもあった。委員長の原島宏治は理事長で、北条浩と辻武寿も副理事長だった。他の幹部も副理事長や理事であった。地方議員の場合も、地域における創価学会の支部長や地区部長、班長、男子部部隊長などであった。

公政連の第1回大会では、池田が創価学会の会長として挨拶したが、北条副委員長は、「決して池田先生を離れて、公政連の発展もおのおののしあわせもありえない」と述べた。堀幸雄は、「池田が事実上の党首で」あったととらえている（前掲『公明党論』）。

創価学会と公政連とは、一心同体であった。公政連の活動は、創価学会の活動の一部であり、二つの組織は連動し、そのあいだに齟齬《そご》はなかった。そして、全国で約４００万票を稼ぎ出す創価学会＝公政連は、政治の世界で強い影響力を発揮するようになっていく。１９６３年４月の都知事選では、自民党の推す東龍太郎を支持した。当時の創価学会＝公政連は、東京都で約50万票の組織票を持っており、その集票能力は他党にとって脅威だった。

1963年7月、公明党結党前年の池田大作

都知事選の1年後、1964年5月3日に開かれた創価学会の第27回本部総会において、池田は、ついに公政連を政党化する意思を示した。池田は会員たちに対して、「公明政治連盟を一歩前進させたい。公明政治連盟をば、皆さん方の賛成があるならば、王仏冥合《おうぶつみょうごう》達成のために、また時代の要求、民衆の要望にこたえて、政党にするもよし、衆議院に出すもよし、このようにしたいと思いますけれども、いかがでございましょうか」と問いかけた。

これに対して、本部総会に集まった会員たちは盛大な拍手で賛同の意思を示した。池田はそれを踏まえ、「したがって、本日をもって、創価学会の政治部は発展的解消といたしたいと思うのであります」と述べて、文化局政治部の解消を宣言している。

戸田と池田の対立、「御遺訓」の疑義

ただ、ここで一つ重大な問題は、政党の結成や衆議院への進出が、戸田の意向に逆らうものだった点である。池田は、その点で戸田を知る幹部たちからの批判が出ることを予想したのか、続けて「恩師戸田先生も時きたらば衆議院へも出よとの御遺訓があったのであります」と言い、衆院進出が戸田の遺志でもあったと述べている。そして、政治部を解消することで、創価学会は純粋な宗教団体として宗教活動を展開し、公政連に対しては支持団体、推薦団体にしたいと発言した。

池田が述べた戸田の「御遺訓」のことを聞いて、会場に集まった幹部のなかには首をかしげた人間もいたに違いない。池田の持ち出した御遺訓は、生前の戸田が述べていたことに反していたからである。

池田が著者となっている小説『人間革命』のなかには、戸田が「時きたらば衆議院へも出よ」と言い残した話はまったく出てこない。反対に、その第9巻では、はじめての地方

議会選挙に臨むにあたっての戸田の心境が描かれており、そこでは、「ただ権力の争奪に専念する政治家たち、そのような政治家の徒党集団にすぎない政党」と、政党の問題点が指摘され、政治勢力化して行動を起こしても、根本的な変革はできないので、「創価学会を政治組織化するつもりは毛頭なかった」と述べられている。

公政連を政党化し、衆院進出をするということは、他の政党と同様に、政権獲得をめざして「権力の争奪」を行うことを意味する。これこそ戸田が嫌ったものだった。

なお、池田の『人間革命』は、1965年から刊行がはじまり、1993年に全12巻で完結している。第9巻は1976年の刊行だった。1965年と言えば、公明党結成の翌年である。にもかかわらず、戸田の「御遺訓」は、『人間革命』には出てこないのである。池田が持ち出した戸田の御遺訓は捏造された可能性が高い。

これは後のことになるが、池田は周囲に、「政界進出は参院まででやめておけというのが、戸田城聖先生の遺言だった。今にして思えば、戸田先生は正しかった」としみじみと語っていた（『朝日新聞』1994年12月13日付朝刊）。この池田のことばは、戸田の御遺訓が実際には存在しなかったことを告白したものと解釈できる。

池田はこの本部総会で、もう一つ戸田とは異なる考えを表明している。

池田は、大石寺に「本門戒壇之大本尊（板曼陀羅）」を祀るための正本堂の建設を宣言しているが、それを国立戒壇ではなく民衆立の戒壇と規定している。戸田は、国立戒壇の建立にこだわったが、池田はそれをあっさりと撤回してしまったのだ。それは、国立戒壇の建立だけが目的だとする戸田の政界進出の意図を根本から否定するものだった。

戸田と池田では、政治と宗教についての考え方がまったく異なっていた。戸田は、国立戒壇の建立を第一に考えていた。それは、創価学会の宗教活動の目的であると同時に、国立戒壇建立が国会での議決を必要とする点で、政治活動の目的でもあった。

ところが池田は、国立戒壇の建立を第一の目的とはせず、戒壇を民衆立とし、大石寺の正本堂の建立をもってそれが成就するという立場をとった。これによって、戒壇の建立は政治目的ではなくなったのだ。

公明党結党宣言

1964年11月17日には、東京両国の日大講堂を使って、公明党の結党大会が開かれ、結党宣言と綱領が決定されている。

結党宣言では、日蓮の『立正安国論』にある「所詮天下太平国土安穏は君臣の楽《ねが》う所土民の思う所なり、夫れ国は法に依《よ》って栄え法は人に因《よ》って貴し」のことばが引用され、公明党が「王仏冥合・仏法民主主義を基本理念として、日本の政界を根本的に浄化し、議会制民主政治の基礎を確立し、深く大衆に根をおろして、大衆福祉の実現をはかるものである」と規定されていた。

綱領でも、「1、王仏冥合と地球民族主義にのっとった恒久平和の礎の構築」、「2、人間性社会主義にもとづく個人の幸福と社会の繁栄が一致する大衆福祉の実現」、「3、人間性尊重を基調とした仏法民主主義を掲げる大衆政党の確立」、「4、腐敗選挙を追放し公明なる議会制民主政治の確立」が掲げられていた。

これは、公政連の基本要綱や基本政策と変わらないもので、その延長線上に位置していた。ただし、ここではじめて日蓮のことばが引かれ、王仏冥合や仏法民主主義といった仏教信仰を背景とした用語が用いられている。その点で公明党は、創価学会の会員が信奉する日蓮の仏法を政治の場で実践していくことをめざす「宗教政党」に他ならなかった。

急伸する公明党にむけられた関心と警戒心

創価学会が拡大を続け、公明党の前身となった公政連が参議院でも議席の数を増やし続けていたことから、公明党の結成には強い関心とともに、警戒心がむけられた。たとえば結党翌日の『朝日新聞』では、「公明党の発足に望む」という社説が掲げられ、そのなかで、王仏冥合が「結局は、特定の信仰の政治的強制につながりはしまいか」などの懸念が表明されていた。

公政連と同様、公明党の幹部は、委員長の原島宏治をはじめ全員が創価学会の幹部だった。原島は、結党大会において、池田を「公明党の産みの親であり、育ての親であり」と言い、「国父」とさえ呼んだ。公明党は、たんに宗教的な理念にもとづく宗教政党であるばかりか、創価学会という特定の宗教団体と一体化した特殊な政党であった。

公明党の発足は、やがては衆議院への進出を想定したものだっただけに、既成政党にとっては大いなる脅威だった。社会党は、自分たちの票田である低所得者層を公明党が基盤としていたため、もっとも影響を受ける可能性があった。公政連が、都議会では東知事提案の予算に反対しながら、選挙では東知事を支援したことで、余計に警戒心をつのらせていた。民社党は、自民党、社会党に飽き足らないものを感じて立党に踏み切った点で自分たちと似たところがあると見ており、「選挙ではきびしい競争相手なる」として警戒した（『朝日新聞』1964年11月18日付）。

翌年7月の第7回参議院議員選挙では、公明党は11人を当選させ、非改選とあわせて議席数を20に伸ばした。社会党の約3分の1で、共産党の5倍だった。得票数は目標とした550万票には及ばなかったものの、500万票の大台に乗せた。

公明党の選挙戦術は、創価学会の組織力、団結力をフルに活用したもので、従来の既成政党の戦術とは大きく異なっていた。その点も、公明党に対する警戒心を高めることに結びついた。共産党などは、行く先々で公明党員とぶつかった。民社党の支持母体である全繊同盟（全国繊維産業労働組合同盟。現在の全国繊維化学食品サービス一般労働組合）では、女子の組合員のなかに創価学会員が増えていて、対策を必要とするようになっていた（同、1965年6月26日付）。

参議院議員選挙の直後には、議長選挙をめぐる不正事件にかんしてリコールが起き、都議会が解散した。7月23日に出直しの都議選が行われ、社会党が45議席を獲得して、半減した自民党に代わって第1党に躍り出た。公明党は23人全員が当選し、第3党となり、その重要性は高まった。

こうした事態を受けて、公明党は結党の1年後、1965年11月17日に開かれた第2回党大会で、国会や地方議会で第3党の地位を確保することを目標として掲げた。「公明党は大衆政党で大衆福祉のために活動する。国会、地方議会で第3党の地位を確保し正しい議会政治が行われるよう努力する。まだ議席を持たない衆院へ次の総選挙から進出する」ことが活動方針とされたのだった。

宗教的理念から大衆福祉重視へと政策転換

公明党の結党宣言では、すでに国立戒壇建立という目標は後退していたものの、日蓮信仰にもとづく宗教的な理念が堂々と掲げられていた。しかし、それは現実の政治活動には必ずしも結びつかないもので、第2回党大会での活動方針では、宗教的な用語は使われなくなった。

その代わりにクローズアップされたのが、大衆福祉の実現という政策である。創価学会の信者は、前の章で述べたように、大都市に出てきたばかりの中下層階級が中心で、彼らは、福祉の充実から直接に利益を得ることができる階層に属していた。低所得であるため、住宅建設や所得税の減免の恩恵にあずかることができた。公明党は、そうした創価学会員の状況を踏まえ、大衆福祉に重点をおいていく。

公明党結党時には、『大衆福祉をめざして』（全2巻）という政策集を発表し、1965年に入ってからは、『福祉経済への道』（全4巻）の発表をはじめた。そこでは、大衆福祉実現のための国家による経済の間接統制、基幹産業の一部国有化、所得の再配分のための最低賃金政策や価格支持政策などが提案されていた。

これは、公明党の活動の主たる目的が、創価学会員の現世利益の実現をはかるという方向にしぼられてきたことを意味する。創価学会は、会員に現世利益をもたらすことを第1の目標に掲げ、信心しさえすれば豊かな生活が実現されると説いてきた。公明党が政界に進出するまでは、現世利益実現の具体的な手立てはなく、日々勤行をくり返すしかなかった。ところが、公明党の議員、とくに地方議員は住民相談を行い、会員たちの生活上の具体的な悩みや苦情、要望を処理してくれるようになった。それは、政治的な力を持ち得なかった庶民に生活向上のための手立てを与えることになったのである。

大衆福祉の実現は会員には役立つし、それを掲げることは創価学会の会員を増やし、公明党の票を伸ばすことにも結びついた。ただ、池田本人はそのさらに先を狙っていた。それが政権の奪取という夢だった。宗教政党として結成された公明党から、すぐに宗教色が薄れていったのも、そうした夢がふくらんだからだと考えられる。

政権奪取という壮大な野望

池田は、1966年5月3日に開かれた第29回本部幹部会での講演で、創価学会のこれからの目標について語っている。創価学会には、「7つの鐘」という考え方があったのだが、1930年の創価教育学会発足から、7年ごとに節目が訪れるとされていた。第6の鐘が1965年から1972年までで、池田は、その時点で600万世帯の折伏を目標に掲げた。そして、第7の鐘は1979年までで、それまでには1000万世帯の折伏を目標とすると宣言した。

池田は、大石寺が建立されてちょうど700年目にあたる1990年を最終目標として、「広宣流布の大総仕上げにかかりたい」と言い、「これはあくまで話として聞いていただきたいのですが、1500万世帯になれば、いまの日本の世帯数は2400万世帯ぐらいですから、ゆうに全世帯の半分を占めることになります。そうなれば、釈尊の『舎衛《しゃえ》の三億』の方程式は、事実上間違いなく、実現することは明らかです」と述べたのだった。舎衛の三億とは、国民の3分の1が創価学会の会員になり、もう3分の1が支持者になれば、広宣流布が達成されるという考え方だった。仮に創価学会の会員数が1500万世帯に達したとすれば、公明党が政権を奪取していても不思議ではない。

これに呼応するように、公明党の竹入義勝委員長も、公明党がはじめて衆議院に進出した後、1967年7月3日に開かれた第5回臨時党大会での演説で、これからの10年間に4回の総選挙があると仮定して、140議席を占め、社会党に代わって第2党に躍り出ることを目標として掲げた。参議院では70議席を確保し、地方議会では5500人の陣容を整えたいと発言している（央忠邦『池田大作論』大光社）。

この時代、創価学会の拡大は依然として続いていた。公明党が誕生した1964年末の時点で、会員数は500万世帯に到達していた。はじめて政界に進出した時点からすると、会員数は10倍に伸び、創価学会は巨大教団に発展していた。創価学会の爆発的な伸びが続いているなかで、池田をはじめ創価学会の会員たちは、将来において自分たちが政権を奪取することを夢見ていた。戸田の生前の意志を無視した池田の方針転換を会員たちが受け入れたのも、政権奪取という夢の魅力がはるかに勝ったからである。

私は、公明党の書記長、委員長だった矢野絢也と対談を行っていて、それは、『創価学会　もうひとつのニッポン』（講談社）として刊行されている。その対談のなかで矢野は、当時、池田が食事の席で、「公明党で単独過半数を取るんだ」、「俺は総理になるんだ」と言っていたと述べていた。矢野自身も、そうしたことを信じて疑わなかったという。

池田は、公明党が1967年の総選挙ではじめて衆議院に議席を獲得したとき、一度だけ新しくできた公明党の部屋を訪れている。そのとき、竹入委員長以下、25名の当選者が池田を迎えたが、竹入は静かに重々しく「次は総理としてお迎えいたします」と言った。それは、当時の池田周辺では当然のことだったという。

しかし、この夢は、すぐに潰《つい》えることになる。そのことを池田も、周辺の人間たちも、まったく予想していなかったはずである。次には、その顛末《てんまつ》を見ていくことになる。

第4章
挫折とその時代的背景

創価学会の展開と活動の多様性

会長が、戸田城聖から池田大作に代わることで、創価学会の運動は大きな変化をとげていく。政治的な面では、前の章で見たように、池田時代になって、公明政治連盟という創価学会から独立した政治組織が生まれ、それは公明党という政党に発展した。公明党は、1967年に衆議院議員選挙に挑戦し、一挙に25人を当選させた。池田をはじめとする創価学会＝公明党は、その時代、公明党単独での政権奪取を夢見ていた。

他にも会長となった池田が試みたことは少なくない。

会長就任2年後の1962年には、「東洋学術研究所」を開設している。これは、東洋思想、仏教思想を中心に研究する創価学会の学術機関で、現在では公益財団法人東洋哲学研究所に発展している。

1963年には、「民主音楽協会」（民音）を設立している。これは、労働組合を母体にした勤労者音楽協議会（労音）に対抗したもので、各種のコンサートを開き、海外からもアーチストを呼んでいる。創価学会の会員は、それまで芸術にふれる機会をほとんど持たなかった。その点で、民音の活動は、会員の文化水準を上げることに貢献していく。

学校経営にも進出し、1968年には東京小平に創価中学・高等学校を設立している。小学校も設立され、関西でも小学校から高校、札幌では幼稚園が設立された。やがては大学も設立されることになり、一貫教育の体制が確立されることになるが、池田がモデルにしたのは慶應義塾であろう。ちなみに池田の長男と三男は慶應義塾で学んでいる。

創価学会自体は宗教運動だが、このようにさまざまな文化活動も展開されていった。出版ということでも、『聖教新聞』は日刊の新聞であり、『大白蓮華』などの機関誌も刊行された。池田による小説『人間革命』が『聖教新聞』に連載されるようになるのは1965年1月1日からのことで、単行本は年間1位を連続して獲得するほどの大ベストセラーになった。

池田が会長に就任してからの1960年代の創価学会は、会員数を大きく伸ばすだけではなく、政治活動や文化活動でも大きな成果をあげたのだ。

金集めが盛んに行われるようになったのも、1960年代に入ってからである。戸田の時代、創価学会は、日蓮正宗ともども金のかからない宗教であることを売りにしていた。戸田は、総本山である大石寺には、一般の寺院とは異なり賽銭箱がないことを強調していた。実際、創価学会には入会金もなければ、月々の会費もなかった。その点は、今でも変わっていない。

戦後すぐの時代、戸田はさまざまな事業を展開していた。池田も、その配下にあって、小口金融などの仕事をしていた。創価学会の活動資金は、戸田が事業で得たものから充当されたのであろう。戦前の創価教育学会の時代にも、戸田はそうした役割を担っていた。

しかし、組織が拡大し、戸田も事業を辞めて宗教活動に専念するようになると、他に資金が必要になる。その役割を担ったのが、機関紙である『聖教新聞』だった。

『聖教新聞』と「財務」から資金を確保

『聖教新聞』が創刊されたのは1951年4月20日のことだった。最初は旬刊（10日ごとの刊行）だったが、1962年には週3回になり、1965年7月15日からは日刊となっている。日刊の新聞を出している宗教団体は、創価学会と、旧統一教会（『世界日報』）だけである。

『聖教新聞』を発行しているのは聖教新聞社である。聖教新聞社は創価学会から独立した組織になっておらず、その出版部門に位置づけられている。ただ、『聖教新聞』などの発行は宗教法人の収益事業であり、創価学会はその分の法人税をおさめている。

『聖教新聞』の公称での発行部数は550万部である。この数字はずっと変化していない。最近では、かなり発行部数が減っているものと推測されるが、どこまで減ったか明確な数字は把握できない。

特徴的なのは、『聖教新聞』の印刷を一般の新聞社が引き受けていることである。新聞の輪転機は特殊で、新聞以外を印刷することができない。その点で、各新聞社にとっては、『聖教新聞』の印刷を引き受けることにメリットがある。けれども、ある地方新聞の記者に聞いたところ、聖教新聞社からの注文はうるさく、新聞業界では引き受けない方がよいと言われているという。

『聖教新聞』の配達を行っているのは、創価学会の会員たちである。配達すれば若干の手当がもらえるようだが、それも微々たるもので、もらわない会員も多いらしい。しかも、熱心な会員になると、本人が何部も購読している。これで発行部数が増えたのだ。

『聖教新聞』の販売によって創価学会は財政基盤を確立できたわけだが、もう一つの収入源となっているのが、毎年12月に行われる「財務」である。

最初、財務は「財務部員制度」としてはじまった。これは、1951年と、戸田の時代からはじまるが、財務部員に任命されると、年に4000円を寄付することになった。今の物価に直せば、数万円になるだろう。

財務部員は名誉職で、それだけの経済力がなければ任命されなかった。財務部員になると、金色に縁取りされたバッジをつけることが許されたので、他の会員からは羨望のまなざしを向けられた。やがてこれが会員全般に広げられるようになる。

今は1世帯あたり1万円が財務の目安になっていて、それ以下でもかまわないとされている。また、現在は銀行振込だが、以前は座談会の場で徴収されていた。そうなると、誰がどれだけの財務をしているかがわかるわけで、そこに競争が生まれた。

ただ、直接財務を座談会で徴収すれば、問題も起こる。なかには、それを自分で使ってしまうような会員も出てくる。今でも、財務の時期になると、「詐欺に注意」という記事が『聖教新聞』に掲載されるが、財務をかたった詐欺が発生してきたからだろう。

会員のなかには10万円、あるいは100万円を毎年財務する者もいる。それが、自分が頑張っている証になるわけで、なんとかその額を財務しようとする。旧統一教会の高額献金が問題とされるようになったが、たしかに高額の財務を続けたにもかかわらず、途中で信仰を失い退会すると、自分は騙されていたのだと感じるような人間が出てくる。

集金力の背後に隠された数々の動き

いったい「財務」によって創価学会はどれだけの金を集めているのだろうか。

これまでもそのことに注目が集まってきた。ただ、宗教法人の財政については公開されないので、はっきりしたことはわからない。1996年に宗教法人法が改正され、各宗教法人は財政状況について、それを明らかにする書類を備え、宗教行政を担当する文化庁の宗務課に写しを届け出ることになっており、実際、それは実行されている。ただし、信教の自由の観点から、たとえ会員であってもそれを閲覧することはできない。

ただ、現在の財務がはじまった1970年代の終わりには、200億円から300億円に達したと言われている。それが、バブルの時代にはかなりの額に達した。矢野絢也は私との対談で、1990年代前半の財務の目標は2500億円にも達したと述べていた（前掲『創価学会　もうひとつのニッポン』）。創価学会の会員には、不動産や建築関係の人間が多い。彼らはバブルの恩恵をもっとも被ったのではないだろうか。現在では、財務の総額は相当に下がっているものと推測される。

財務については、その全貌を明らかにするのが難しいわけだが、池田時代の創価学会がいかに強力な集金力を発揮したかは、総本山である大石寺にさまざまな建物を寄進するために行われた「供養」を見れば明らかになる。こちらは額が公表されている。

最初に供養が行われたのは1961年のことで、大石寺に大客殿を建てるために行われた。目標は10億円だったが、32億円が集まった。大客殿は1963年に完成している。創価学会の会員だけではなく、創価学会員ではない日蓮正宗の信者たちも寄進しているが、多くは創価学会の会員だった。

さらに大規模な供養になったのが、正本堂を建てるためのものだった。日蓮正宗では、板曼陀羅が本尊と位置づけられており、それを安置するための施設が正本堂だった。

正本堂を寄進するための供養は1965年10月に4日間にわたって行われた。目標は50億円だった。ところが、供養は目標をはるかに上回り、約355億円が集まった。このうち350億6430万円が創価学会の会員によるもので、残りが日蓮正宗の僧侶とその家族、あるいは大石寺の他法華講の講員たちによるものだった。

正本堂が完成するのは1972年になるが、翌1973年には伊勢神宮で式年遷宮が行われている。このときの遷宮の費用は60億円だった。これと比較したとき、いかに正本堂の供養に金が集まったかがわかる。

しかも、供養から完成までに7年の歳月がかかったことから、その間寄付された金は金融機関に預けられた。今とは違い、利子がかなりついたため、利子だけで132億4764万円に達した。これを合わせると、正本堂建立のために500億円近くが集まった。こうした数字は、『聖教新聞』の1972年10月15日付で発表されており、たしかなものと考えられる。

これだけの金が集められたということは、1960年代における創価学会がいかに多くの会員を集めていたかを示している。創価学会の本部は、1970年6月の段階で、会員数が755万世帯に達したと発表した。家族全員が会員になっているとは限らないので、仮に1世帯あたり2人とすると、会員数は1500万人を超えたことになる。これはあくまで公称の数字だが、最盛期の創価学会には1000万人近くの会員がいたのではないだろうか。

池田大作の印税と学会本部の寄付で創価大学の創立資金を調達

もう一つ、1960年代の創価学会がめざしたのが、創価大学の創立である。すでに述べたように、1968年に創価学会中学・高校を開学し、一貫教育の体制作りがめざされていた。その体制を完成させるには大学の開学が不可欠だった。

ただし、創価大学を創立するために、大規模な献金が募集されたわけではなかった。

ではどうやって創立のための資金を調達したのだろうか。

池田の著書である『新・人間革命』第15巻には「創価大学」という章があり、そこには次のように記されている。文中の山本伸一とは池田のことである。

学校建設にあたり、山本伸一が最も苦心したのは資金の捻出であった。（中略）

創価学園の設立にも、伸一は自分の印税を投じたが、創価大学の開学に際しては、全印税7億円を投入したのであった。

また、会長である伸一の出版物による学会収益の25億円も、大学の設立に使われた。

（中略）

しかし、設立資金は、約60億円を必要としていた。

新たに学会本部からも寄付金16億円を投入することになったが、まだ足りなかった。

やむなく寄付金を公募した。そして、12億円が集まり、創価大学が設立できたのである。

池田は『人間革命』や『新・人間革命』といった創価学会の歴史をつづった小説を執筆している。『人間革命』は12巻、『新・人間革命』は30巻（最後の第30巻は上下に分かれている）に及んだ。こうした小説は、膨大な数の会員がいたために、ベストセラーになり、年間1位を獲得することも少なくなかった。池田の著作は他にも多数出版されており、『池田大作全集』などは150巻にも及んでいる。

したがって、著者である池田に入る印税も莫大な額に達した。実際、池田個人の納税額は2000年まで判明しているが、もっとも多い1997年で2億3751万円だった。これは、5億円以上の収入があったことを意味する。

『人間革命』の続編として、『聖教新聞』での連載を経て刊行された『新・人間革命』

池田は、『現代』誌の1980年4月号に掲載されたジャーナリストの内藤国夫によるインタビュー記事のなかで、「聖教新聞社からの出版物の印税は、いっさいいただいておりません。それ以外の出版社の場合、いちおういただきますが、税金を払った残りは大学や学園に寄付しております」と語っていた。

『人間革命』などは聖教新聞社から刊行されている。したがって、池田はその印税をいっさいもらっていなかったことになる。それは、学会本部の収入になり、そのうち25億円が創価大学を創立する費用に使われたことになる。さらに、他の出版社からの印税が7億円使われた。池田の出版物からあがる収益が、創価大学を創立するための費用全体の半分以上を占めたことになる。

創価大学の創立者は池田である。これだけの資金を調達したのだから、創立者となるのは当然である。ただし、池田の著作を買ったのは創価学会の会員たちである。その点では、会員たちこそが創価大学の真の創立者ということにもなるが、その陣頭指揮をとったのは池田であった。

これによって創価大学は1971年に創立された。構想が発表されたのは、1964年の第7回学生部総会においてだったから、創立までに7年の歳月を要したことになる。ただし、池田本人は、1971年4月に行われた創価大学の開学式にも入学式にも出席していない。正確に言えば、池田は出席できなかったのだ。

そこには、1969年に勃発した、創価学会・公明党による「言論出版妨害事件」が影響していた。

創価学会・公明党による「言論出版妨害事件」

この事件は、その後の創価学会のあり方、公明党との関係に大きく影響した。そして、前の章で述べた池田の野望を挫折させることにも結びついたのである。

戦後、創価学会が急速に拡大していくと、強引な折伏などを行っていたため、他の宗教団体から批判を受けるようになる。とくに、同様に日蓮を宗祖とする日蓮宗から批判されるようになるが、同じく庶民層に広がった浄土真宗からも批判を集めるようになる。

創価学会が政界に進出するようになると、既成政党や労働組合運動からも批判を受けるようになる。1957年6月には、北海道の日本炭鉱労働組合（炭労）が、創価学会の締め出しを決定した。創価学会の側も、それに対抗し、800名の行動隊を北海道に送り込むと、炭労の方針を批判する決起集会を開いている。

さらに、創価学会が公明党という政党を結成し、衆議院に進出すると、批判の声は高まった。なにしろ、最初の衆議院議員選挙で、一挙に25名もの当選者を出したからである。

これによって、創価学会・公明党を批判する書物が数多く出版されるようになり、創価学会・公明党は危機感を募らせた。

最初は、1967年に刊行された植村左内『これが創価学会だ　元学会幹部43人の告白』（しなの出版）をめぐってだった。これは、第2章でふれた新宗連の機関紙に連載されたもので、出版の準備段階で、創価学会・公明党は「図書発売等禁止仮処分申請」を行った。この訴えは東京地裁で却下されたものの、名誉毀損で告訴したため、この本は一般書店には並ばず、裁断された。また、内藤国夫『公明党の素顔』（エール出版社）に対しても、出版を差し止めるよう、創価学会・公明党から圧力がかかった。

そうした創価学会・公明党の行動が物議をかもすようになるのは、明治大学教授で政治評論家の藤原弘達による『創価学会を斬る』（日新報道）の刊行に対しても圧力をかけたからだった。当時、藤原はテレビにも頻繁に出演していた。それで、創価学会・公明党には『創価学会を斬る』の刊行が危険だと判断されたのである。

『創価学会を斬る』が刊行されるのは1969年11月のことだが、10月には、自由民主党の幹事長であった田中角栄から藤原のところへ電話がかかってきて、出版をさしとめるよう求められた。田中が電話をかけたのは、公明党の竹入義勝委員長からの要請だった。藤原がそれを拒むと、田中は、「のぶ中川」という赤坂で一番大きな料亭に藤原を呼び出した。

この料亭は1982年に閉店しているが、田中はそのうち3部屋をとり、手前の部屋に藤原がいて、奥の部屋では公明党の竹入と矢野が待機していた。

田中は、藤原の部屋に行って、「もう勘弁してやってくれませんか。本は全部買い取ると言ってますから」と言ったが、藤原は「だめだ」の一点張りだった。そこで田中が竹入たちの部屋へ来て、「だめだと言っているぜ」と報告すると、竹入らは「何とか頑張ってください」と必死に願った。話がまとまれば、竹入らは藤原と合流するはずだったが、そうはならなかった（前掲『創価学会　もうひとつのニッポン』）。

「言論出版妨害事件」の影響と展開

矢野は、この時期、公明党の議員としていろいろなところへ出かけていったと述べている。「著者のところへ乗り込んでいったり、ある議員なんかは出版社へ乗り込み机をぼかーんと蹴飛ばしてきたという話が、武勇伝として伝わっていました」というのだ。

かつて創価学会の会員が積極的に行った謗法払いを彷彿とさせる話だが、こうした形で圧力をかけることができたのは、『人間革命』などが売れていたからである。書店や取次にとって、ベストセラーは何よりもありがたい。しかも、『人間革命』の場合には毎年刊行され、それが必ず売れるわけだから、これほど自分たちの利益になる本はない。そうなれば、創価学会・公明党の言うことを聞かないわけにはいかない。

しかし圧力をかけ、それが効くのは、出版界に限られた。1969年12月13日、NHKの総選挙特集番組「日本の進路・二党間討論」で、日本共産党の松本善明衆院議員は、「『創価学会を斬る』等の出版物に創価学会・公明党が出版に圧力・妨害をくわえている」と発言した。

この放送の翌日から日本共産党の機関紙『赤旗』は、糾弾キャンペーンを開始し、『創価学会を斬る』の他にも、創価学会・公明党による出版妨害があったことが報道され、大きな騒動に発展した。

問題は国会の場にまで持ちこまれ、池田の国会喚問の話も持ち上がり、創価学会・公明党は危機的な状況に追い込まれていった。

1970年1月5日、竹入は出版妨害については事実無根だとしながらも、矢野とともに創価学会の総務の地位から退き、参与となった。一方、創価学会でも、この日、体制の立て直しをはかるため、副会長制を設け、北条浩、森田一哉、秋谷栄之助がそれに就任した。同月16日、矢野は、一部の事実を認めたものの、組織的な妨害を行ったことや、田中に仲介を依頼したことについては否定した（『朝日新聞』1970年1月17日付朝刊）。

公明党は、1月末には「綱領および党則検討特別委員会」を設置し、党の体質改善に乗り出す。そこでは、創価学会をあくまで支持団体と規定すること、委員長の選出については池田の任命と見られているので、選挙によると明記すること、公明党の公認候補についても、創価学会の推薦を受けてするのではなく、党の側が公認を決めたものを学会に推薦依頼することなどが指針として打ち出された（同、1月30日付朝刊）。

それでも、創価学会・公明党批判の急先鋒だった日本共産党の追及は続いた。3月9日の衆院予算委員会では、同党の谷口善太郎議員が、法制局長官から国立戒壇建立は憲法に違反するという見解を引き出した。さらに坂田道太文部大臣からは、創価学会が国立戒壇建立を目的に政界進出したことに対して、「宗教法人法に照らして、宗教団体の目的を逸脱したり、公共の福祉を著しく害する場合は問題だが、そうでなければ政治活動の自由はある。国立戒壇の主張がその後どうなったか、よく調査してみる」という見解を引き出した（同、3月10日付朝刊）。

池田による屈辱的謝罪と政界不出馬宣言

こうした事態を受けて、池田は、1970年5月3日の第33回本部総会の講演で、言論出版妨害事件を反省し、「関係者をはじめ、国民の皆さんに多大のご迷惑をおかけしたことを率直にお詫び申し上げる」、「今後は、二度と、同じ轍を踏んではならぬ、と猛省したい」と陳謝した。それは、池田がちょうど10年前に会長に就任した日にあたっていた。栄光の10年を迎えたと、その成果を誇るべき日に、池田は屈辱的な謝罪に追い込まれたのだった。

池田は、事件については社会の感覚とずれていたことを認め、社会からの批判に神経過敏になりすぎていたと反省の弁を述べた。そして、「国立戒壇」という表現を使わないこと、日蓮正宗の国教化をめざさないこと、戒壇にかんしては民衆によるものとして国会での議決によらないこと、政治進出はあくまで大衆福祉を目的としたものであることを表明

1970年5月3日の第33回創価学会総会で挨拶する池田大作

した。

公明党の議員については創価学会の役職から外れること、学会は公明党の支持団体の地位に引き下がること、公明党は独自の組織を確立し選挙も自前で戦うこと、党員は学会の内外を問わず幅広く募ること、池田自身が政界に出ないことを約束した。

単独政権樹立の野望の崩壊

現在でも、創価学会と公明党とは一体であると考える人は少なくない。それも、創価学会の会員たちが選挙の際に、もっぱら公明党の候補者を、しかも熱烈に応援するからである。そして、公明党と選挙協力を行っている自由民主党の候補者にも投票する。

だが、議員が学会幹部でなくなったことの影響は少なくない。矢野は、それがいかに屈辱的なことだったかを私との対談の折に語っていた。それまでなら、議員は幹部として一般の学会員を動かすことができた。ところが、幹部でなくなれば、今度は選挙活動の支援を会員にお願いしなければならなくなったのである。

決定的なことは、公明党がはじめて衆議院議員選挙で当選者を出したとき、当選した議員たちや池田が抱いた野望が潰えたことである。彼らは、これからも公明党が議席を増やし続け、将来において単独政権を樹立することを夢見ていた。その際には、池田が総理大臣になるはずだった。池田の政界不出馬を宣言した以上、それは不可能になった。実際、それ以降、単独政権の樹立が目標とされることはなくなったし、それが夢見られることもなくなった。

創価学会・公明党が言論出版妨害事件を起こしたのは、自分たちの力を過信したからでもあった。その際に、なぜ竹入が他党の幹事長である田中に頼ったのか、両者の関係はそれよりも前からあったようだが、どこで関係を結んだか謎の部分がある。

ただ、これによって、竹入が率いる公明党は田中に借りを作ったことになり、田中からは票をまわしてくれるよう要望をされたりしたようだ。矢野がそのように述べている。また、竹入が日中国交正常化に力を入れ、田中を助ける形になったのも、その借りのせいだった。

何より重要なことは、当時の創価学会が、自分たちがおかれた社会的な状況を十分には読み切れなかったことではないだろうか。

焦り? 高度経済成長の終焉による会員数拡大の鈍化

池田が謝罪に追い込まれた1970年は、大阪で万国博覧会が開催された年であった。それは、1964年の東京オリンピックと並ぶ戦後日本の国家イベントで、高度経済成長の時代を経た日本が経済力をつけたことを証明した。

しかし、経済の成長は永遠に続くものではなかった。日本の実質経済成長率は、1966年と1967年が11%、1968年が12・4%、1969年が12%と、10%を超えた。ところが、1970年には8・2%と10%の大台を割り、1971年には5%にまで落ち込んでいた。すでに高度経済成長は曲がり角にさしかかっていた。

とどめは、1973年に起こった第1次オイル・ショックだった。それまで、経済成長の原動力となった石油の価格は低く抑えられていた。ところが、産油国が結束することで価格が上がり、それが日本の経済成長を鈍化させることになった。1974年の成長率はマイナス0・5%となり、それ以降、3%を上回ることさえない状況が続いた。

創価学会が巨大教団へと発展したのは、第2章で見たように、経済が成長するなかで、労働力の都市への集中が起こり、新たな都市の住民が信者になったからである。経済の成長が鈍化すれば、人口の移動にもブレーキがかかる。そうなれば、自ずと折伏は成果を上げられなくなっていくのである。

高度経済成長が曲がり角に達したことで、創価学会の伸びは止まった。伸びが止まれば、目標に掲げた折伏の数には達しなくなる。そうなれば、公明党が単独政権を樹立するなど、まったく不可能になってしまうのである。

その点で、創価学会・公明党に焦りが生じていたのかもしれない。それが言論出版妨害事件に結びついた。だが、経済環境が変わり、創価学会の飛躍的な拡大が難しい状況が生まれたことで、何らかの問題が発生するのは必然だった

政教分離による変革、連立政権への道を模索

池田が、創価学会という宗教団体と公明党という政党のあいだの政教分離を宣言したことは、さまざまな点で影響を与えていく。

公明党は、池田の謝罪を受け、1970年5月27日に新しい党則を、6月9日には新しい綱領を発表した。どちらも6月25日に開かれた第8回党大会で採用された。新しい綱領では、国民政党として中道主義を貫くこと、人間性社会主義にもとづいて福祉社会の建設をめざすこと、自主平和外交を推進して人類の平和と繁栄を実現すること、憲法を守って基本的人権を擁護し議会制民主主義の確立を期すことがうたわれていた。

公明党が結成された時点での結党宣言では、日蓮仏法にもとづく宗教的な政治思想が主張され、王仏冥合や仏法民主主義といった宗教的な用語が使われていた。ところが、新しい綱領では、中道主義を除けば、宗教的な文言はいっさい見られない。中道主義にしても、そこにはその元となった仏教的な思想はほとんど反映されていない。綱領の面で見るかぎり、公明党は宗教政党であることを捨て、国民政党への脱皮をはかっていた。

しかしそれは、公明党の存在意義を曖昧なものにすることにつながった。なぜ創価学会

は政党を組織して政界進出を果たさなければならないのか。国立戒壇の建立だけが目的だと主張していた戸田の時代には、存在意義は明確で、他に説明を必要としなかった。しかし、政教分離がはかられた以上、宗教的な意味づけはできない。創価学会からの自立を強いられた公明党は、新たに自分たちの組織の存在意義を見出していかなければならなかった。

公明党の存在意義として、一つ明確なことがあった。それが大衆福祉の実現である。大衆福祉の実現は、公明党の結党宣言や綱領でうたわれていた。公政連の基本要綱でも、保守と革新の対立によって福祉が忘れられ、政治が大衆から遊離していることが指摘されていた。それに先立つ文化部の場合には、広宣流布が表立って掲げられ、大衆福祉の実現が政界進出の目的とはされていなかった。けれども、文化部が最初に地方議会に進出したのは、政治的な力を持つことで、学会員の福祉に役立てようという意図があったからである。

言論出版妨害事件以降の公明党は、住民相談に代表される「どぶ板政治」を実践し、大衆福祉の対象となる学会員の生活の向上に寄与するという点については、その存在意義を見出すことができた。それは、とくに地方議会の議員に言える。公明党の地方議会議員は、自分たちの存在意義に疑問を抱く必要はなかった。

しかし、国政となれば、どぶ板政治だけでは存在意義を示せない。議員活動として、地方議会の議員やさらにそれを支える学会員を中心とした支持者の要望を政府や行政機関に訴えかけ、それを実現させていくということは可能だが、いかんせん公明党は野党であり、十分にそうした活動はできなかった。

公明党が国政においてその存在意義を示すには、政権入りをめざすしかなかった。単独での政権奪取が難しくなった以上、それは他の政党と連立政権を組むことによってしか実現できない。政教分離以降の公明党は、連立政権への道を模索するようになる。

中道政治への方向転換

池田の時代になって、公明党の政治理念として打ち出されたのが、中道ということだった。ここでは、そのあたりからの公明党の方向性の変化について見ていきたい。

公明党が結成されたものの、衆議院議員選挙には挑戦できていなかった1966年元旦のこと、公明党の機関紙である『公明新聞』に、池田による「日本の進路」という論文が掲載された。そこではじめて中道ということばが使われた。『公明新聞』は、公政連時代の1962年4月2日に創刊され、現在は日刊で刊行されている。日刊の機関紙を持つ政党は公明党と共産党だけである。

池田はその論文のなかで中道について、「あるときは自民党と協調し、あるときは社会党等の野党と共闘することも、とうぜん起こりうるであろう。だが、わが党は、しょせん、いずれにも偏らぬ中道をまっしぐらに進むのである」と述べていた。

中道主義をとることとなった公明党としては、保守、革新のどちらにも偏らない不偏不党の立場を貫きたいと考えたことであろう。だが、自民党の単独政権が続くなかでは、あくまで一野党として活動するしか道がなかった。しばらくの間、公明党はその方向に突き進んでいく。

公明党が結党された直後の1964年12月21日からはじまった第48回通常国会では、自民党が会期延長を単独採決したり、農地報償法案を強行採決したりしたとき、公明党は、それを「多数の横暴」と批判した。

また、1965年10月5日からの第50回臨時国会では、参議院本会議での日韓特別委員会設置の議決を議長が職権開会を強行し、採決したのに対して、他の野党とともに反対し、欠席している。『朝日新聞』1965年11月16日付朝刊は、結成1周年をむかえた公明党について、「野党色、次第に強まる」という見出しのもとに報道している。

この時期、公明党の野党としての性格がもっともはっきりあらわれたのが安保条約に対する姿勢だった。公明党は、1966年7月末の第3回臨時党大会において、安保条約に反対し、10年ないし20年後をめざしてそれを段階的に解消していくという主張を展開した。自衛隊にかんしては、国連警察軍ができれば、それに編入するが、当面はシビリアン・コントロールの強化で対応するという方針を打ち出した。

安保条約の段階的解消を主張するということは、自民党政権に反対することを意味した。実際、誕生したばかりの公明党は、政府・自民党の不正追及に熱心だった。その具体例としては、1966年6月の虎ノ門公園跡地の国有財産不正払い下げ追及、同年10月の共和製糖グループによる不正融資事件追及、1967年5月のイタイイタイ病告発、1968年5月の児童手当法案の国会提出、同年12月の米軍基地総点検などがあげられる（『朝日新聞』1984年11月12日付朝刊）。

革新色強化と中道革新連合政権構想

この時期の公明党は、いかにも野党らしい行動をとり、自民党批判を展開していくが、1970年代前半になるとさらに革新色を強めていく。

1971年4月の統一地方選挙では、言論出版妨害事件の影響が懸念されたものの、前回を上回る議席を確保する。この点について公明党は、反自民の姿勢を明確化したことが評価されたと分析した。同年9月の第9回党大会では、それまで安保については段階的解消を主張していたのを早期解消へと転換する。あわせて、沖縄返還協定反対、佐藤内閣退陣を要求し、革新勢力の結集を呼びかけた。

翌1972年5月、公明党はその年度の活動方針を発表したが、その際に、「中道革新連合政権構想」を打ち出す（『朝日新聞』1972年5月4日付朝刊）。中道主義が最初に主張されたとき、保守、革新のどちらにも偏らないとされていたのが、ここでは革新寄りの姿勢が示された。それを反映し、6月の第10回党大会では、竹入委員長が、個人的な見解としてではあるものの、安保条約の即時廃棄を訴えた。

次の1973年9月の第11回党大会では、安保条約の即時破棄が党の方針として決定される。自衛隊にかんしても、解消して国土警備隊へ移行することが主張された。そして、中道革新連合構想として、「反自民、反大資本」が掲げられた。

自民党と連立を組む現在の公明党からは考えられないような構想で、これは当時の社会党の政権構想に近いものであった。党大会の来賓席には、総評、同盟、中立労連、新産別といった労働組合の代表が居並び、国内の革新首長やフランス社会党、北朝鮮の朝鮮対外文化連絡協会などからの祝電が読み上げられ、パーティーでは中国やソ連の大使館からの来客が目立った。『朝日新聞』（9月5日付朝刊）は、「外装は革新一色」と報道している。

政権構想について、矢野書記長は共産党とも協議する可能性を示唆した。

こうした革新寄りの公明党の方針の背後に創価学会の政治的な姿勢がかかわっていた可能性は十分に考えられる。

創価学会の政治的な活動と学生運動への関与

1960年代後半は、政治運動、学生運動が盛り上がりを見せた時代だった。池田は、1967年11月19日の第16回青年部総会で創価学会系の労働組合の結成を提案する。

1968年7月28日の本部幹部会で、それは「日本民主労働協議会（民労）」と呼ばれた。民労は、未組織労働者の結束強化をうたっており、創価学会の会員を組織することを意識したものだった。ただ、共存共栄の労使関係を追求するとした点で、左翼系の労組とは性格を異にしていた。

また池田は、同時に主婦同盟、学者グループによる政策研究団体、民主法曹界、民主アーチスト・クラブといった政治結社の結成を発表した（『朝日新聞』7月29日付朝刊）。ただし、民労は、既存の労働組合の反対で頓挫し、他の政治結社も実現されなかったりして、実質的な活動を展開できなかった。

それでも池田は、1969年5月3日に開かれた第32回本部総会で、当時勢いを増していた学生運動にふれ、「いまの混乱状態が続くとすれば、健全な学生運動のために〝第三の道〟を考えることも必要になる」と述べ、23万人の学生部の新たな組織化を示唆した。これは、同年10月の「新学生同盟（新学同）」結成へと結びつく。第三の道とは、共産党系でも、新左翼系でもない学生運動を意味した。

新学同結成前には、創価学会の学生有志が、大学立法粉砕のための組織を作り、新学同が安保の即時破棄を主張するなど、左翼の運動に近い姿勢を示していた。また、10月19日に代々木公園で行われた新学同の結成大会には、全国から約7万5000人が参加した。学生たちのなかにはヘルメットをかぶっている者もいて、それは新左翼のスタイルを真似たものだった。

『新・人間革命』第14巻の「智勇」の章では、新学同について詳しく述べられている。だが、それ以降、新学同にはまったくふれられていない。しばらく運動は続いたものの、学生運動そのものが退潮していくなかで、自然消滅したものと思われる。

このように、言論出版妨害事件を起こす直前の創価学会は、さまざまな面でかなり活発な活動を展開していた。それが、具体的な成果として現れたのが、日中国交正常化に関連してだった。次章では、そのことについて見ていきたい。

第5章

二人の男の対立

『新・人間革命』にも描かれた一般会員との直接交流

『新・人間革命』第14巻の「共戦」の章に、山村年子という女性会員の話が出てくる。

山村は山口県の徳山の人間で、長年喘息に苦しみ、夫の事業も不振だった。

1956年11月、徳山に山本伸一、つまりは池田大作がやってきて座談会が開かれた。山村は、まだ創価学会に入会しておらず、宗教を信じる気になっていなかったので、池田を言い負かしてやろうと座談会に参加した。

座談会の場で、彼女は「では、お聞きしますけど、御本尊というのは紙ですよね。紙に字が書いてあるだけのものに、なぜ、そんなに力があるんですか」と池田に食ってかかった。

池田からは懇切丁寧な答えが返ってきたので、信心しようという気持ちが湧いてきた。だが、池田が次の座談会に行かなければならないと、途中で席を立ってしまったこともあり、まだ迷いがあった。しかし、池田からは「信心して、幸せになってください」と言われ、それに従って南無妙法蓮華経の唱題をするようになると功徳があった。それからの山村は、一途に学会活動に励むようになった。

その後、彼女は、大阪の学会員から池田が関西にやってくるという話を聞き、徳山での座談会のときの失礼な態度を詫びようと関西本部まで尋ねていった。

すると池田は、「山村さんでしたね。あなたのことは、よく覚えていますよ。信心し、健康になられて本当によかった。立派になりましたね」と言ってくれた。彼女は、池田が自分のことを覚えていたことにうれしさを感じたという。

『新・人間革命』は小説であり、池田を著者として聖教新聞社から刊行されたものであるから、話の展開は当然このように、池田を讃えるものになると考えられるかもしれない。実際、その面はある。

しかし池田は、会長になる前から全国をまわっており、現地で直接会員に接してきた。会長になってからも同じで、その主要な役割は、全国、さらには全世界の会員のもとを訪れ、彼らを励ますことにあった。第3章で、池田が大阪を中心とした関西地域を生涯において258回訪れたことにふれたが、そのたびに池田は関西の会員たちに直接会い、励ましていた。

池田は、創価学会の創立者ではなく、また霊的な能力を持つ教祖というわけでもなかった。一般の新宗教において、教団のトップに立つ人間は、奥の方に隠れていて、一般の会員の前には簡単には姿を現さないことが多い。

それと比較したとき、池田は実に精力的に各地をまわり、直接それぞれの地域の会員と接し、ことばをかわしている。その際に、会員たちに感銘を与えたのは、『新・人間革命』に示されているように、池田が一度会った会員のことを覚えていることだった。名前やどういう人間なのか、それを覚えていて、会員を驚かせた。そうした話はよく聞く。覚えていてもらえれば、会員は感激し、山村のように学会活動に邁進するようになるのだ。

こうした能力は、田中角栄も持っていたと言われる。抜群の記憶力が、会員や有権者を感激させる。これは、カリスマ的な人物にとって不可欠な能力なのである。

『聖教新聞』には掲載されない幹部批判

もう一つ、一般の会員を感動させる池田のパフォーマンスは、本部幹部会の際に発揮された。

本部幹部会は、1989年から衛星を使って全国の会館に中継されるようになった。会員たちは、それぞれの地域の会館に出かけていって、その中継を生で同時に、あるいは録画されたものを直後に見ることになる。

創価学会の会館は全国にあり、かなり規模の大きなところもある。学会本部は、その正確な数を公表していないのだが、1200あると言われてきた。池田の学会葬は、東京の豊島区巣鴨にある東京戸田記念講堂で行われたが、それは全国約1000の会館に中継されたと発表された。これからすると、1200という数字は事実に近い可能性がある。

衛星中継にはNTTの技術が使われているが、それを担当した人間に話を聞いたことがあった。当時、そうした技術を活用しているところは、創価学会以外にはなかったということだった。

私も、本部幹部会の中継を2回ほど支部の会館で見たことがある。最初は、池田がまだ元気だった1994年12月のことである。

この中継を見て、強く印象に残ったことがあった。

それは、池田の登場した場面だった。

最初、当時の秋谷栄之助会長がスピーチをしていたのだが、その時点では、支部の会員の集まりも悪かった。それは、前日にも中継がなされていたせいもあるが、会長のスピーチが続くなか、次第に会員たちが集まってきた。

すると、その途中、幹部会が開かれている創価国際友好会館がざわつくようになった。同時に、その中継を見つめている支部の会館の雰囲気も変わった。池田が友好会館に現れたのだ。支部の会員たちのお目当てが池田による講演だったわけで、その時刻に合わせて集まってきていたのである。

講演がはじまると、池田は用意された原稿を読んでいった。これが『聖教新聞』にも掲載されることになるのだが、講演はしばしば脱線した。こちらは、『聖教新聞』には掲載されない。

その日、池田は、逆境や障害のなかでこそ人材は生まれると言った後、突然、真顔で「創価学会には、一人も人材がいない」と言い出した。池田が講演をしている壇上には、秋谷会長をはじめ、東京長などの幹部が並んで座っていた。池田の発言は、そうした幹部たちを有為な人材とは認めていないことになる。

さらに池田は、講演の後半の部分でも、東京長がいるにもかかわらず、東京が他の地域に比べて活動の面で後れをとっていると指摘した。

私は、池田の講演をはじめて聞いたので、そうした発言が出るとは予想していなかった。そこで驚いたのだが、支部の会館に集まってきた会員たちは、格別驚いたという表情を見せなかった。それは、こうした幹部を批判する発言を池田がそれまでもくり返してきたからである。

幹部の権威を破壊することで一般会員からの信頼を集める

『新・人間革命』第18巻の「獅子吼」の章にも、池田が『聖教新聞』の記者たちと懇談したときの話が出てくる。

記者の一人が、「うちの部長は、人には厳しいことを言いながら、いつも自分は、さっさと帰ってしまう」と言い出した。すると池田は、「部長なのだから周囲が尊敬してくれると思い、偉そうにしていたら、とんでもないことです。部長は、部の誰よりも働く、率先垂範の人でなければならない」と答えた。池田は記者の前で彼らの上司である部長を批判したことになる。

支部の会館で中継を見た際に、私を案内してくれた学会員は、池田は幹部を前にして、よく彼らを批判すると話していた。一般の会員のことはよく覚えていて、絶えず励ましてくれるが、幹部に対しては厳しい。それが、池田の基本的な姿勢である。だからこそ池田は一般の会員たちからの信頼を集め、長くカリスマとして君臨できたのである。

その点で、本部幹部会が衛星中継されるようになったことは重要な意味を持った。中継されていない時代には、それに出席した幹部は、他の会員たちに対して、そこで池田がどういう話をしたか語ることができた。それによって、幹部は自分の威信を高めることができた。

ところが、本部幹部会が中継されるようになると、そこに出席した幹部たちは、むしろ池田に叱られる側にまわるわけで、それを自分の威信を高めるためには利用できなくなった。私は、1995年刊行の別冊宝島『となりの創価学会　内側から見た「学会員という幸せ」』（宝島社）で、秋谷会長にインタビューをしているが、秋谷会長は、幹部会の中継が、「結果的に幹部の権威を破壊する方向に作用」していることを認めていた。

幹部就任が誇りであるからこそ、厳しく律する

創価学会は庶民の宗教であり、組織である。それは、高度経済成長の時代に、地方から労働力として上京した低学歴の人間が会員の大半を占めたからである。なかには、公明党

の書記長、委員長となった矢野絢也のように、京都大学を卒業している人間も含まれてはいたが、それはむしろ例外だった。

池田の最終学歴は、東京富士大学短期大学部卒となっているが、池田がそこに入学した時代には、大世学院という私塾で、大学として認可されていなかった。しかも、夜間部であり、池田は学歴の面で決してエリートとは言えなかった。

創価学会の会員たちは、職場の環境にも恵まれず、出世も難しかった。そうした境遇にある人間にとっては、創価学会のなかで幹部になることは、大きな誇りであった。創価学会の組織は下から、ブロック、地区、支部、本部、区・圏、県運営会議、方面運営会議、そして中央会議となっており、それぞれの組織に長の肩書がついた幹部がいる。しかも、会員の性別、年齢別に、青年部、女子青年部、壮年部、婦人部があった。そこにも役職があり、多くの会員が幹部になることができた。

幹部になるには、学会活動で実績を上げる必要があったが、熱心に活動していれば、自然と幹部になることができた。それは、会員たちの誇りの源泉であった。

しかし、幹部になった人間が奢《おご》るようになり、一般の会員に対して高圧的な姿勢を示し、自分たちのいいように扱えば、そこに問題が生じる。池田は、絶えず幹部を叱責することで、そうした問題が生じないようにした。それこそが、会長としての重要な役割だったのだ。

日中国交正常化にむけての池田提言

ただ、こうした池田の役割は、あくまで創価学会の会員に対するもので、外部の人間には直接関係のないものであった。また、池田と会員との関係については、外部の人間には知るよしもないことである。

けれども、1960年に会長になってからの池田は、1960年代を通して、さらには、言論出版妨害事件で謝罪に追い込まれた後にも、さまざまな方面で活躍していた。第3章と第4章では、そのなかで政界にかんするものについては詳しく見ていったが、他にもいろいろとあった。その代表となるのが日中国交正常化にかんするものだった。

池田は、1968年9月8日、日大講堂で開かれた創価学会の第11回学生部総会で、「世界平和実現の鍵」という講演を行っている。それは日中国交正常化についての提言となるものであった。当時、日本と中国とのあいだには国交がなかった。中国はまだアメリカとも国交を結んでおらず、国連にも加盟していなかった。加盟していたのは、中華民国（台湾）の方だった。

池田は、講演のなかで、「中国を国際的討議の場へ参加させるために、必要なことは何か。その一つは中国政府の存在を正式に認めること。第二は、国連における正当な席を用意し、国際的な討議の場に登場してもらうこと。第三には、広く経済的、文化的な交流を推進することであります」と述べた。

この時期、池田は第3章で述べたように、将来自分が日本の首相になると夢見ていたわけで、こうした発言をしたのも、それが念頭にあったからだろう。外交にも意欲を燃やしていたのだ。

その上で池田は、「私は、今日こそ日本は、この世界的な視野に立って、アジアの繁栄と世界の平和のため、その最も重要なかなめとして、中国との国交正常化、中国の国連参加、貿易促進に全力を傾注していくべきであることを重ねて訴えるものであります」と、日中国交正常化の必要性を強く訴えた。

この池田の提言は、翌日の一般紙朝刊で一斉に報道された。すでに述べたように、池田が公明党の事実上の党首だったからである。さらに中国では、新華社が発行している海外報道紙であった『参考消息』9月11日付に1面で報道された。

池田提言にふれている文書はほぼ学会関連のみ

ライターの前原政之による『池田大作　行動と軌跡』(中央公論新社)では、池田の提言は、当時の日本では「非常に大胆かつ先進的なものだった」と、それを高く評価している。その分、提言が発表された後、池田のもとには脅迫の電話や手紙が相次いだ上、街宣車による攻撃も絶え間なく続いた。

当時の外務省首脳も、アメリカ政府との協議の場で、「池田の民間外交は日本政府の外交の障害だ」と強い不満を表明したという。それでも、日中国交正常化をめざしていた政治家の松村謙三や中国文学者の竹内好《よしみ》には好評をもって迎えられた。

その後、松村は池田のもとを訪れ、当時の周恩来首相を紹介したいと申し入れたが、池田は、「国交を回復するには政治の次元でなければなりません」と、松村の申し出を公明党に伝えた。周首相は、公明党を中国に招き、公明党は黒子となって日本と中国とのあいだの秘密交渉を進めた。その結果、池田提言から4年後の1972年9月、田中角栄首相の訪中で、日中国交正常化が実現される。

『公明新聞』2006年5月2日付に掲載された記者座談会では、当時北京に駐在していた『朝日新聞』の特派員である吉田実《まこと》が、池田提言が国交正常化の発端だったと指摘していることが紹介されている。

この記事と、前原が『池田大作　行動と軌跡』で述べていることに従えば、まるで池田の提言によって日中国交正常化が実現されたかのように読める。

だが、日中国交正常化までの過程を記した本を読んでみると、創価学会や公明党関係のものを除けば、池田の提言が重要な役割を果たしたという評価はされていない。そもそも、池田の提言自体に言及されていない。

たとえばNHKは、1992年9月27日のNHKスペシャルで『周恩来の選択―日中国交正常化はこうして実現した』という番組を放送した。この番組を制作するための取材を進めるなかで、関係者の証言をもとに作られた本が、NHK取材班『周恩来の決断』(NHK出版)である。

そこでは、公明党の委員長で、秘密裏に中国側との交渉を行った竹入義勝と、1971年の公明党第1次訪中団と翌年の第2次訪中団に加わった大久保直彦にインタビューしている。けれども、番組でも本でも池田の提言についてはふれられていないし、竹入や大久保もそれに言及していない。

1967年から1972年まで、『朝日新聞』の北京支局長をつとめた秋岡家栄は、『北京特派員─文化大革命から日中国交回復まで』（朝日新聞社）という本を書いているが、そこでも池田の提言についてはまったくふれられていない。一方、竹入にかんしては、彼の周首相に対する惚れこみようは大したもので、両者の信頼関係が深まったことで、重要な役割を果たすことになったと、その功績が高く評価されている。

また、大部の資料集に日中国交回復促進議員連盟編『日中国交回復関係資料集』（日中国交資料委員会）があり、国交正常化に関連するさまざまな資料が収録されているが、そこにも池田提言は収録されていない。

毛沢東にも周恩来にも会えず……

池田提言にふれているのが、1973年に刊行された堀幸雄『公明党論』（青木書店［南窓社で1999年に再刊］）である。堀は、「9月の学生部総会で、池田会長は『中国問題』について講演をおこなったが、公明党はこれを受けて、1969年1月に『日中国交正常化のための方途』を発表した。これは池田講演を骨子としたもので、それには台湾について『吉田書簡の破棄を宣言し』た程度にしか触れていなかったのを、公明党は『一つの中国』論に改めた、と主張した。しかし、この程度の政策改訂では中国の認めるところとはならなかった」と述べている。

吉田書簡とは、1951年に当時の首相であった吉田茂がアメリカのダレス国務長官に送ったもので、中国の正統政府として台湾の国民党政府を選ぶことを表明したものだった。

中華人民共和国の側は、「一つの中国」を主張し、台湾は中国の一部だという点を強調し、国交正常化を行うには、日本がそれを認めなければならないと主張していた。池田提言は、中国の承認や国連での議席回復を提言してはいたものの、一つの中国というところにまでは踏み込んでいなかった。

ただ、堀によれば、当時のマスコミは、池田提言を一つの中国の立場にたつものと受けとったという。また、公明党の矢野絢也書記長も、記者会見で、「池田発言は一つの中国にたつもの」と発言した。その点では、マスコミや公明党の手によって、池田提言は中国側の主張を認めるものに仕立て上げられたことになる。

これに関連し興味深いのは、1974年5月に池田がはじめて中国を訪問したとき、池田は毛沢東主席にも周首相にも会うことができなかったことである。もし中国が、池田提言を本当に高く評価していたのだとするなら、少なくとも周首相は池田を歓迎したはずだ。池田はその年の12月にふたたび訪中し、そのときは周首相と会っているが、周首相はすでに癌《がん》の闘病中だった。

訪中団を率いて日中交渉に臨む竹入義勝

池田と比較して、日中国交正常化において、竹入の果たした役割は明確である。

公明党は、すでに述べたように、1969年1月21日に開かれた第7回党大会で、前年9月の池田提言から踏み込んで、一つの中国の立場を明確にした。しかし、訪中を計画していたものの、なかなかそれは実現しなかった。というのも、1952年に締結された「日華平和条約」、いわゆる「日台条約」の破棄までは明確にしていなかったからである。

それが障害になっていると判断した竹入は、1971年6月8日、神戸での記者会見で、「わが党は、日台条約はすみやかに破棄されるべきものと考える」と、方針転換を表明した。すると、その数時間後には中国側から公明党の訪中団を受け入れるという連絡をもらっている。

実はこのとき、参議院議員選挙のさなかだった。すでに公示されており、投票日は6月27日に迫っていた。にもかかわらず、竹入を団長とする訪中団は、15日に東京を出発し、香港経由で17日夜に北京入りしている。

1971年6月15日、羽田を出発する公明党訪中団。手前が団長の竹入義勝委員長

後年、竹入は『朝日新聞』に掲載された回顧録「秘話　55年体制のはざまで」のなかで、「日中問題で一発何かやれば選挙にプラスと踏んだのだ」と述べている（1998年9月9日付）。

ただし、公明党の代表団と王国権中国日本友好協会責任者との対談では、アメリカの帝国主義や日本における軍国主義復活などで意見が対立し、公明党の側は共同声明をあきらめかけたほどだった。

それでも、帰国寸前の28日夜に周首相との会談が実現し、7月2日には共同声明に調印している。この共同声明には、中華人民共和国を中国の唯一の合法政府とすること、台湾は中国の領土とすること、日台条約は破棄すること、アメリカは台湾から撤兵すること、国連における中華人民共和国の権利を回復することといった「日中国交回復五原則」が示された。

その後、10月には中国が国連に加盟し、翌1972年2月のニクソン訪中で台湾からの撤兵が決まったことで、問題は日本の姿勢にしぼられた。五原則のうち最初の3つが「日中復交三原則」と呼ばれ、国交正常化を進めるための指針として機能することになる。

執念をもって日中の橋渡し役を務める

竹入は、1971年9月21日、党大会の初日を終えて党本部に戻ったところ、暴漢に襲われ、重傷を負う。それでも、公明党は日中国交正常化に熱意を失わず、1972年5月には第2次訪中団が北京入りし、周首相から「中日国交回復三原則に基づいて努力する日本の新政府の代表ならば、訪中を歓迎する」というメッセージを託される。新政府とあるのは、佐藤栄作に代わって田中角栄が次の首相になるのを見込んでのことだった。

同年7月25日、竹入を団長とする公明党の第3次訪中団は北京入りする。このとき、中国側は特別機を用意し、周首相が3度も会談するなど、訪中団を厚遇した。そのため、訪中団は特別な任務を負っているのではないかと報道された（『朝日新聞』1972年7月31日付朝刊）。

ただし、竹入の回顧録によれば、訪中を控えて、事前に大平正芳外相を訪問したものの、何も教えてはもらえなかったという。目白の田中邸を訪れても、田中首相は消極的で、「竹入君よ。おれは総理になったばかりだ。日中（関係）に手を着けたら、田中内閣は吹っ飛んでしまう。おれは日中を考える余裕もないし、今はやる気はない」と申し渡されたという。当時は自民党内で台湾派がまだ強かった（同、1998年9月9日付朝刊）。

したがって、公明党の訪中団は、特別な任務どころか、日本政府の明確な意思を示されないまま、中国との交渉にあたったことになる。

それでも、周首相からは、国交正常化にむけての中国側共同声明案が示された。このなかには、中国が日本に対して戦争賠償の請求権を放棄するという項目も含まれていた。竹入は帰国後、これを田中に示し、それが田中の訪中、そして日中国交正常化に結びついていく。

このように、竹入が日中国交正常化の過程で、日本と中国の両政府の橋渡し役とはいえ、大きな役割を果たしたことは事実である。

ただし、竹入の回顧録が発表されて以降、それが公明党の歴史や実像を著しく歪めているとして、創価学会・公明党から厳しく糾弾されるようになる。日中国交正常化についても、池田がレールを敷き、それを受けて公明党が取り組んだという点を無視していると批判されている（同、1998年10月21日付）。

自らの果たした大きな役割に対する自負

ここで注目しなければならないのは、すでにふれた『朝日新聞』の吉田実の発言は、創価学会系の月刊誌『第三文明』2002年12月号に執筆されたものだということである。しかもそこでは、『公明新聞』の座談会で言われているのとは異なり、池田提言が正常化の発端だったとは述べられていない。

吉田は、当時池田提言を支持した人間として、竹内好のことをあげ、その「光はあったのだ」という文章にふれている。吉田は、竹内以外、池田提言を支持した人間をあげていない。

竹内が、「光はあったのだ」という文章を書き、そのなかで池田提言に対する支持を表明していることは事実である。竹内は名高い中国研究家であり、その点で、彼の評価は価値のあるものだった。

ただ、竹内の文章も、創価学会系の月刊誌『潮』の1968年11月号に掲載されたものである。しかも竹内は、文章の冒頭で「もとめに応じて感想を述べる」と断っている。ただし竹内は、その後に続けて、池田提言については、「たとい注文がなくても、感想を記しておきたい気がしていたので」と述べてはいる。けれども、この文章が、『潮』誌の依頼で書かれたものであることは間違いない。

池田の提言が、大きな役割を果たし、一定の評価を得たことは事実である。少なくとも中国側は、それを高く評価し、それは今日でも変わっていない。創価大学には、1975年に国費留学生として入学した6人の中国人留学生が植樹した「周桜」があるが、これは池田が周首相との交流を記念して命名したものである。

しかし、池田提言を中国側が求める一つの中国論にまで近づけていく上では、竹入の果たした役割が大きい。矢野は私との対談で、その点について、池田は宗教家ではあっても政治家ではなく、政治交渉を行ったのは政治家である竹入であり、その点で、当初の段階で中国側が竹入を評価した理由があったと分析している。

実際の交渉にあたった竹入には、自分こそが日中共同声明をまとめあげたという自負があった。それによって中国から意気揚々と帰国した竹入は、学会に理解のある新聞記者から、「共同声明がうまくいったのは、池田さんのおかげですよね」と質問されると、「いや、そんなことはありません」と答えた。矢野によれば、この発言が創価学会側の怒りを呼んだという。

矢野は、言論出版妨害事件によって創価学会と公明党が政教分離をした以上、竹入としては、そう答えるしかなかったと述べている。『文藝春秋』誌の1973年11月号には、大石学による「公明党の本来は　今や革新一色の同党の政策と体質を分析する」という文章が掲載されているが、そのなかで、事件後に、ある政治記者が竹入に対して、池田に「電話ぐらいしているでしょう」と問いかけると、「なんのために」という答えが返ってきて、さらに記者が「連絡とか報告とか……」と尋ねても、竹入からは「『政教分離』ですからね」という答えしか返ってこなかったと述べられている。

公明党最初の衆院議員として当選し、直後に党委員長就任

竹入が亡くなったのは2023年12月23日のことだった。生まれは1926年1月10日のことだから、97歳で亡くなったことになる。それは池田の死の翌月になる。池田は95歳で亡くなっているから、竹入の方が2歳年上だった。

竹入は長野県の出身で、旧制中学校を出た後国鉄に勤務し、創価学会に入会した。1959年4月に、創価学会の推薦を受けて文京区議会議員選挙に無所属で出馬し、1963年4月には公明政治連盟の公認を得て、東京都議会議員に選出されている。翌年に公明党が結成されると、副書記長に就任した。

そして、1967年1月の衆議院議員選挙に公明党公認で出馬し、当選している。公明党最初の衆議院議員の一人である。この選挙直後の1月31日、竹入は公明党の委員長に就任する。あわせて矢野が書記長になり、長く続く竹入・矢野時代がはじまるが、竹入を指名したのは池田だった。竹入は、その直後、「池田先生からたった今、申し渡されたば

かりで、面くらっています」と語っていた（『朝日新聞』1989年5月19日付朝刊）。

竹入が委員長に就任したとき、まだ41歳の若さだった。一方、指名した側の池田は39歳だった。なぜ、若い竹入がいきなり委員長に就任したのか。そこには都議会のことが関係していた。

創価学会が政界進出したとき、最初は東京都議会や区議会が中心だった。その後、参議院にも進出するが、都議会議員は公明党では古参であった。本来なら、そうした議員たちが衆議院に出馬するはずだった。

ところが、1965年に都議会議長の選出をめぐって自民党内で賄賂が飛びかい、それで逮捕者が出たことで都議会は解散になってしまった。それで、公明党の都議会議員も選挙に出馬し、再選されることとなった。公明党として最初に挑んだ衆議院議員選挙は、それから1年半後のことである。

したがって、竹入を除く他の都議会議員は、衆議院にくら替えするわけにもいかず、都議会にとどまった。そのため、衆議院議員には、竹入や矢野など、年齢が若い人間たちがなることになった。竹入が41歳で委員長に就任したのも、そのためで、矢野の場合は35歳だった。

政教分離を機に生まれた創価学会と公明党との距離感

ただ、竹入は委員長でも、公明党の事実上の党首は池田だった。竹入も、池田の鶴の一声で委員長になったわけで、年下の池田の意向をくまないわけにはいかなかった。

それが、政教分離によって状況が変わった。創価学会と公明党のあいだには距離ができ、池田の一存で公明党が動く体制ではなくなった。竹入にとっては、それは自由に活動できる転機として受け取られたのではないだろうか。

だからこそ、竹入は、池田の提言を一つの中国論にまで発展させ、選挙を放り出してまで日中国交正常化に力を尽くしたのであろう。

池田が提言を行っただけでは、日中国交正常化は実現しなかった。池田の功績が讃えられるようになるのも、竹入の努力があったからだ。

しかし、創価学会の側からしてみるならば、竹入は池田提言を蔑ろにしているように受け取られた。それが、後に『朝日新聞』に掲載されたインタビューを契機に、竹入が公明党の最高顧問を解任され、創価学会を除名されることに結びついた。

もう一つ、言論出版妨害事件の後、創価学会と公明党をめぐってある出来事が起こる。

そこでも、池田と竹入は対立関係におかれることになる。

それが、1974年に調印され、翌年に公表された創価学会と共産党とのあいだの協定、「日本共産党と創価学会との合意についての協定」をめぐっての出来事であった。これは、創価学会の側からは「創共協定」と呼ばれ、共産党の側からは「共創協定」と呼ばれてきた。本書では、創共協定と呼ぶ。

協定の背景には、選挙においてこの二つの組織の対立があまりに過熱化していたという事態があった。創価学会と共産党は、ともに社会的な弱者の救済を目標に掲げ、会員や支持者の拡大をはかっていたために、ぶつかることが多かった。どちらも戦闘的な組織であり、両者の対立がエスカレートし、誹謗中傷合戦に発展することもあった。

松本清張の仲介で創価学会と共産党が歩み寄りへ

1974年10月31日、作家の松本清張の自宅で、創価学会の野崎勲総務と共産党の上田耕一郎常任幹部会委員がはじめて会合を開き、以降両者は7回懇談した。

松本は共産党のシンパであったが、『文藝春秋』誌の1968年2月号で池田と対談したことがあった。この対談は、池田の死後、同誌の2024年1月号に再録されている。1968年と言えば、公明党がはじめて衆議院に進出した翌年で、池田のなかでは自分が将来、総理大臣になる夢を抱いていた時期にあたる。

公明党との政教分離を宣言する前の時期ということもあり、対談での池田の発言は、政治にかなり踏み込むものだった。松本が、これから公明党が伸びて、与党絶対過半数という現状が打破されるのではという見通しを述べると、池田は、「そうなるとうれしい。松本さんは推理作家だからあたるだろう」と述べ、さらに松本が、「そうなると、公明党がキャスティング・ボードを握る……」と述べると、池田は「そうなりたいものですね」と答えている。

また、当時、創価学会が労働組合を作ろうとしていたことについて、ターゲットを「未組織労働者」に絞ると述べていた。松本が、そうした創価学会の動きが労働者への裏切りだという声が上がっていると言うと、池田は「そんなことをいうこと自体が労働貴族のセクショナリズムであり、エリート化ではないですか」と、既存の労働組合を厳しく批判していた。

対談の終わりには、松本による「話のあと」という文章が載せられているが、そこで松本は、「池田氏が自民党に肉体的な反撥を持っていることは予想外であった」と述べている。掲載された対談にはそれに該当する部分はないが、実際の対談ではそうした話が出たのだろう。池田は、労働組合に依存した野党と、政権を担う自民党の双方に批判的な姿勢を示し、創価学会・公明党の中道政治の意義を強調したことになる。

松本は、『聖教新聞』などに見る池田の顔と、実際に会ってみた印象の違いについて、「前者は会員（信者）の大群衆に囲まれて『権利と貫禄』を感じさせる顔だが、遇ってみると人なつこい青年である」と好意的に評価していた。池田は、対談が発表されたとき、まだ40歳になったばかりだった。そこで松本が仲介役となったわけで、松本宅で会合が行われた年の年末、1974年12月28日に創価学会と共産党は創共協定に調印することとなった。翌日には、松本宅で池田と共産党委員長の宮本顕治が懇談している。

公明党不在のまま結ばれた「創共協定」

この協定では、「創価学会は、科学的社会主義、共産主義を敵視する態度はとらない。日本共産党は、布教の自由をふくむ信教の自由を、いかなる体制のもとでも、無条件に擁護する」と述べられ、「双方は、たがいに信義を守り、今後、政治的態度の問題もふくめて、いっさい双方間の誹謗中傷をおこなわない。……すべての問題は、協議によって解決する」とうたわれていた。これ以上、両者の無用な対立を避けるのが狙いで、協定の期間は10年と定められた。

ただ、協定が結ばれたことについては、すぐには発表されなかった。しかも、公明党の竹入と矢野は、協定が結ばれることを知らなかった。竹入がそれを知ったのは、調印の3日後、1974年の大晦日のことだった。

当時は創価学会の筆頭副会長で、後に会長になる北条浩が公明党の本部までやってきて、そこではじめて竹入に協定のことを説明した。同日には矢野も、それを知ることになる。いかに協定が唐突なものであったのかは、私との対談での矢野の発言からうかがうことができるので、その部分を引用する。

除夜の鐘が鳴っている最中に竹入さんの自宅に挨拶の電話を入れると、まだ党本部にいるというので、党本部にかけ直すと、「おい、いいお年玉あげるわ」と言うんですね。「何ですかいな?」と聞いたら、「創価学会が、共産党と協定を結んだぞ。どうだ」と言われたから、腰抜かして「うそー」なんて言ったわけです。「俺は、猛烈に反対した。そんなもん、頭がおかしいと言ったら、北条さんは、『そんなこと言うおまえは、破門だ。池田先生に逆らうとは許せない』と怒っていた」と言うんです。

創共協定は、創価学会と共産党との協定で、そこには公明党はまったくからんでいなかったのだ。

創共協定が与えた衝撃

創共協定の存在が公になったのは、翌1975年7月27日のことだった。それに先だって、同月12日には、池田と宮本が対談し、それは、「人生対談」として『毎日新聞』に連載された。16日には、創価学会の青木亨副会長が、『聖教新聞』に「池田・宮本対談について」を発表し、創価学会と共産党が組織的に共闘するものではなく、今後も公明党を支援すると表明した。

創共協定発表の翌日、創価学会の秋谷副会長が『聖教新聞』に見解を発表し、協定について「共存の可能性を確認したもので、共闘を意図するものではない」と述べた。これは、青木副会長の発言の延長線上にあるものだった。秋谷は、創価学会と共産党のあいだでは、二十数年にわたって選挙のたびごとに無意味な紛争がくり返されてきた。そこで、お互いの立場を認め、誹謗中傷は行わないと取り決めたと述べている（『朝日新聞』1975年8月1日付朝刊）。池田も、この秋谷見解を追認した。会長、副会長の見解は、創共協定が、創価学会による共産党の選挙支援と受け取られることを避けようとしたものだった。

創共協定の発表は、世間を大いに驚かせた。竹入は、池田・宮本対談の直前に、その中止を要請したが、創価学会に一蹴されてしまった。対談の後に開かれた公明党の緊急中央執行委員会では、「これでは選挙はとても闘えない」、「創価学会と党との間にクサビを打ち込もうとする共産党の作戦に乗せられている」といった意見が出た（同、1975年7月27日付朝刊）。

「共闘なき共存」

竹入は、回顧録のなかで、旧内務官僚などから「創価学会をつぶしてやる」と息巻く声も出てきたので、「共闘はしない」と強調して歩いたところ、秋谷副会長の「共闘なき共存だ」ということばも出てきた。竹入は、それによって創共協定を「事実上、骨抜きにしてしまった」と述べている（『朝日新聞』1998年9月17日付朝刊）。

ただ、この時期、公明党と共産党が、両党の歴史上もっとも接近していたのも事実である。公明党は、1975年5月に三木武夫内閣が不安定であるとして打倒の方針を打ち出し、7月には共産党とともに内閣不信任案を提出している。不信任案は同月3日に採決され、大差で否決されたものの、この時期の共産党は、社会党に対して不信感を持ち、その反動もあって公明党を評価していた。宮本委員長は、不信任案否決直後の6日、第6回中央委員会総会において、公明党について、「両党間の従来の種々の経緯にかかわらず、わが党は積極的評価を惜しまない」と述べた。

こうした流れを見ていくと、公明党、創価学会はこの時期、一致して共産党との共闘にむけて動いていたという印象さえ受ける。ところが、公明党と創価学会とのあいだには十分な意志疎通ができていなかった。公明党の側は、創共協定をつぶしにかかり、創価学会の側も、公明党の意向をくんで、共闘を意図したものではないことを強調しなければならなかった。それが、秋谷副会長の見解に結びついたのである。

公明党と共産党との関係、創共協定の破綻

竹入は、1975年9月のはじめ、北海道の財界人に対して、「この10年間、日本共産党とは血みどろの戦いをつづけてきたし、今後も全力を上げて戦う」と述べて、共産党との共闘があり得ないことを明言した（『財界さっぽろ』1975年11月号、引用は有田芳生『現代公明党論』白石書店から）。

共産党の側も、創共協定を反古にしようとする公明党に反発し、秋谷や池田の見解は、「協定の客観的解釈として正確なものとは考えない。率直にいって協定の精神にも内容にも合致しない」と批判した。そして、社会党との共闘復活へと動き出し、宮本書記長は、10月7日、遊説先の演説で、公明党は「反共・右寄り非革新路線」だと断言した（『朝日新聞』1975年10月9日付朝刊）。

公明党も、同じ10月の中旬に開かれた第13回党大会で、創共協定に縛られないことを宣言し、むしろ反共路線を明確にしていく。『朝日新聞』（1975年10月17日付朝刊）の社説では、創共協定発表以来、公明党の下部組織には動揺が広がり、その対応に追われ、反共姿勢をいっそう強めることで党内の結束をはかったものと分析されていた。

この第13回党大会は、それまで左寄り、革新寄りの姿勢を示していた公明党が、右寄り、保守寄りの姿勢を示すようになった最初の大会でもあった。党大会にむけて8月に発表された活動方針案では、政権構想にかんして、中道革新路線は堅持され、その基盤作りのために「中道国民戦線」の結集が提唱された。

ただ、その中道国民戦線においては、「保守的な立場にある人々であっても政策、行動を改め、協力を希望するなら排除することは得策ではない」とされ、保守との連立をも視野に入れたものとなった。『読売新聞』（1975年8月31日付）は、「ある種の保革連立政権の可能性を示唆」したものと報道した。

党大会では、安保条約について、即時破棄から、外交交渉による合意を踏まえての破棄へと変化した。これも、保守との連立を意識してのものとも考えられるが、実はそこには創価学会の意思が働いていた。創価学会のなかには、公明党が安保条約の即時破棄を主張することに批判があった（『朝日新聞』1975年8月24日付朝刊）。この点でも、公明党と創価学会とのあいだには、考え方の上で大きな開きがあった。創価学会は、左傾化した公明党を引き戻したとも言えるのである。

創共協定がもたらした意義

では、創共協定にはまったく意味がなかったのだろうか。実はそうではない。池田は、1980年1月に行われた内藤国夫によるインタビューのなかで、「創共協定の現状に満足していますか」という問いかけに、「両者とも相当に気を遣い、かつ慎重になっております。満足しています」と答えている。内藤によれば、『赤旗』でも『聖教新聞』でも一時見られたヒステリックな攻撃記事は、協定調印から5年を経たこの当時になっても姿を消していたという（『現代』1980年4月号）。

実はこの点が重要である。そこには、池田のある意図が隠されていた。次の章では、その意図を見ていくことになるが、そこでクローズアップされてくるのが、日蓮正宗との関係なのである。

第6章
日蓮正宗との決別

創共協定の政治的動機

1974年に結ばれ、翌年に公表された創共協定に対して、それを骨抜きにしようとする動きがあったものの、池田は、それが一定の成果をあげたことを評価していた。

ただ、創共協定は、創価学会と共産党という宗教団体と政治団体のあいだで結ばれたものであり、その話は当初、公明党の頭越しに進められた。

同じようなことは、第1章で取り上げた小樽問答についても言える。本来ならそれは、日蓮宗と日蓮正宗のあいだの法論となるはずだった。こちらの場合は、創価学会が法論を全面的に引き受け、組織の総力をあげてそれに取り組んだ。もし日蓮正宗が小樽問答に臨んでいたら、勝利したというイメージを作り上げることは難しかったであろう。

創共協定の場合も、政治団体ということでは、公明党と共産党のあいだで結ばれるべきもののはずだった。

しかし、政教分離以降の創価学会・公明党と共産党では、組織構造に大きな違いが生じていた。

政教分離以前では、創価学会と公明党は一体の関係にあり、そのトップに池田大作が君臨していた。さらに、公明党の議員は創価学会の幹部として、一般の会員を指導し、動かしていく立場にあった。

それは、共産党の組織構造と共通していた。共産党の議員は党の幹部である。政党の幹部が議員になるのは、どの党にも共通したことだった。共産党の議員になったからといって、共産党の幹部を辞めることはない。

ところが、創価学会と公明党の場合には、政教分離がなされたことで、公明党の議員は創価学会の幹部ではなくなった。二つの組織の性格は違う。公明党は議員の集まりであり、創価学会はその支持母体である。したがって、選挙を戦う際に中心となるのは、創価学会の組織であり、その会員たちである。

公明党の候補者自身も、選挙を戦うわけだが、運動のお膳立ては創価学会の側がしてくれる。一般の政党では、共産党を除いて、それぞれの候補者は自らで後援会を立ち上げ、そのメンバーに選挙活動を担ってもらう。

ところが、公明党の候補者には個人の後援会がなかった。最近では、公明党の候補者も、個人で後援会を立ち上げるようになってきたものの、以前はまったく不要だった。

実際の選挙活動において、鍔迫《つばぜ》り合《あ》いをくり広げるのは、公明党と共産党ではなく、あくまで創価学会と共産党だった。創価学会の会員と共産党の党員が、票の獲得のために各地でぶつかった。それが激化したことで、創共協定を結ぶ必要が生まれたのである。

創共協定の隠された意図、宗教的狙い

しかし、池田にはもう一つ別の意図があった。その意図を実現させるために、公明党の頭越しに創共協定を結んだのである。

創共協定が結ばれた後、それに尽力した創価学会の総務である野崎勲が、秋谷栄之助とともに矢野絢也の家にやってきた。そのとき野崎は、矢野に対して「矢野さんは、池田先生の政治的天才を信じないのか」と何度も言ってきた。矢野としては、宗教のことでは池田はすごいと思っていたが、政治的天才については疑問で、野崎に「どこが」と聞き返した。すると野崎からは、「それがいかん」と怒られた。野崎が言うには、「創共協定は、池田さんの政治的天才によって共産党を10年間黙らせる協定なんだ」ということだった。

その後、矢野は東名高速で池田と同乗する機会があった。そのとき、池田は矢野の膝をつかんで、「なあ、矢野」とねんごろに話しかけてきた。「お前は言論問題のときのことを

忘れたのか。共産党を黙らせなければならないだろう」と言い、その上で、「次は宗門だ」と言い出した。宗門とは日蓮正宗のことである。

これは、協定は結ばれていても、公表されていない時期のことだった。池田は、「俺はこれから宗門対策を全面的にやるから、お前が創共協定をまとめろ」と言い、折衷案を秋谷と野崎と相談してまとめろと命じてきた。それが、『毎日新聞』での池田と宮本の対談に結びついたのである。

矢野は、この点について、「池田氏にとっては、言論出版妨害事件で政治への野心を阻まれた。で、元からのお考えだったんでしょうが、宗門の方に標的が向いた。乗っ取りと言うとごへいがありますけどね」と述べ、言論出版妨害事件以降の池田の変化について指摘している。

創価学会と日蓮正宗の関係

創価学会と日蓮正宗との関係は、第2章で見たように、初代会長の牧口常三郎が折伏されて入信したことに遡る。戸田も入信し、戦後も、両者は密接な関係を持ち続けた。

日蓮正宗は日蓮宗の一派で、僧侶と檀家からなる組織である。創価学会に入会する際には、同時に日蓮正宗に入信し、本尊曼陀羅を授与された。そして、日蓮正宗に入信した会員は、各地にある日蓮正宗の寺院の檀家になったのである。

信者が檀家になるというあり方は、他の宗派にも見られることであり、格別珍しくはない。ただ、一般の仏教寺院の場合には、一つの寺の檀家の数は多くても数百軒であり、それよりも少ないことも珍しくない。

ところが、日蓮正宗の場合には、創価学会の会員が急増したため、寺院の増設が間に合わず、一つの寺あたりの檀家の数が1万を超えることもあった。

しかも、日蓮正宗では、他の宗教や他の仏教宗派の信仰をいっさい認めないため、冠婚葬祭などの行事は、葬式だけではなく、結婚式も地鎮祭も、日蓮正宗の寺院が担った。それだけ、創価学会と日蓮正宗とは密接な関係を結んでいたのである。

儀式だけのことではない。創価学会の教義と言ったとき、それは日蓮正宗の教義をもとにしたものだった。日蓮正宗の教えは一般の日蓮宗とは異なる特殊なものであり、創価学会の会員は自分たちもそれを信じた。

とくに、日蓮正宗の総本山である大石寺に安置された板曼陀羅は究極の本尊、「本門之本尊」と位置づけられた。

本尊は「幸福製造機」

第2代会長の戸田城聖は、この本尊のことを「幸福製造機」と呼んだと言われてきた。ただ、彼がいつどこでそのように述べたかははっきりしない。1955年6月5日に東京の中央大学講堂で開かれた第4回足立支部総会で、「これをじょうずに使えば、かならず人生が幸福になる」機械についてはふれている。

戸田は、そんな機械があれば、1台10万円くらいで売れるが、今の西洋の科学ではそれはできないとする。しかし、700年前の日本にはちゃんとそうした機械ができていたと言い、「あの大御本尊様が、われわれの生活を幸福にしてくれるという絶対的な〝機械〟なのである」(『戸田城聖全集』第4巻)と述べている。この発言をもとに、幸福製造機という表現が生まれたのだろう。

大石寺の本尊の価値を高く評価したのは、初代会長の牧口常三郎に遡る。牧口は、本尊についてあまり多くを語っているわけではないのだが、創価教育学会の第5回総会における報告「法華経の信者と行者と学者及び其研究法」のなかで、次のように述べていた。

「『日蓮がたましひ（魂）をすみ（墨）にそめなが（流）してかき（書）て候ぞ信じさせ給へ。仏の御意は法華経也。日蓮がたましひは南無妙法蓮華経にすぎたるはなし。』と仰せになつた御本尊の中、総与の御本尊と称して、大石寺に伝へられる大御本尊を信じ奉る者が正しい信者である」（『牧口常三郎全集』第10巻）

同様の趣旨のことは、戸田も述べている。「折伏論」のなかで、戸田は、次のように述べていた。

「この大石寺には、日蓮大聖人出世の御本懐たる一閻浮提総与の大曼陀羅が相伝せられている。この大曼陀羅こそ末法の衆生の不幸を救う大威力のあるもので、この大曼陀羅を本として御出現した御本尊こそ、人に強き生命力を与え、不幸を根本から救うのである。すなわち家なき者に家を、子なき者に子を、親なき者に親を、財なき者に財を、病の者には良医と健康とを与える絶対の功徳の根源である」（『戸田城聖全集』第3巻）

牧口が本尊の意味について語っていたのに対して、戸田はそれだけではなく、本尊が発揮する功徳について強調している。いかにも現世利益の実現を約束した戸田らしい発言である。

大石寺への膨大な参詣者を支えた創価学会の「輸送班」

究極の本尊が安置された大石寺に参詣することは「登山」と呼ばれた。寺院に山号がつくのは一般的なことで、大石寺の場合には、「多宝富士大日蓮華山」という山号がつけられていた。そこで参詣が登山と呼ばれたわけだが、それは信仰上極めて重要な行為と位置づけられた。

大石寺の説明によれば、「大石寺には、日蓮大聖人の御当体である本門戒壇の大御本尊が厳護されています。また、総本山には大聖人以来の血脈を所持される御法主上人がおられます。したがって総本山大石寺は日蓮大聖人の仏法の一切と御精神が脈々と息づいている霊地なのです」ということだった。大石寺に登山した信徒には、本尊を直々に拝する「内拝」が許され、それは、本尊をおさめた厨子《ずし》が開かれることから、「御開扉」と呼ばれる。

創価学会では、1952年10月から月例の登山会を開催していて、1991年3月に取りやめとなるまでの登山者の数は累計で7000万人にも及んだ。1年間におよそ180万人が登山したことになる。東海道新幹線の新富士駅が開業したのは1988年のことだが、それも新富士駅が大石寺の最寄り駅だったからである。

これだけ多くの人間を大石寺に登山させるには、それを支える体制を作らなければならない。そこで生まれたのが「輸送班」だった。輸送班が誕生したのは登山がはじまった1952年のことで、男子部の会員がそれを担った。輸送班の役割は、誘導や案内などの整理にあたることだった。『新・人間革命』第24巻の「厳護」の章では、池田が青年部室長だった時代から、輸送班を重視していたことが語られている。

大石寺の発展が学会員の誇りにもつながった

宗教団体の場合、信者はさまざまな活動を行うわけだが、基本的にそれは無償で行われる。そこが企業に雇用されている人間とは違う。

創価学会の場合、給与が支払われるのは学会本部に勤めている人間たちだけである。本部職員の給与は高めに設定されていると言われているが、彼らは同時に幹部でもあり、幹部として学会活動を展開するのは自前である。それは、本部職員ではない幹部たちにも当てはまる。こちらは、いっさい給与は出ない。学会員は選挙活動に熱心で、投票依頼のため、他の地域に出かけていくこともあるが、学会から交通費が支給されるわけではなく、すべて自前である。

輸送班は、1976年に「創価班」と改称され、大石寺の登山会における輸送だけではなく、学会本部や各地の会館で行事が行われたときの運営や整理にあたるようになった。輸送班（創価班）に所属すれば、組織的に人を動かすノウハウを身につけなければならない。それは、創価学会の会員が働いている中小企業では経験できないことで、彼らには大いに役立った。こうした面でも、大石寺の存在には意味があった。

大石寺に巨大な建築物を建てるための供養に、創価学会の会員が多くの献金を行ったのは、そうした建物が、創価学会が大きく発展していることを目に見える形で示してくれるからである。たとえ献金額が少なくても、自分が建築費の一部を負担していると思えば、大石寺に次々と建物が建っていくことは会員個人にとって大きな誇りになる。登山はそれを確かめる絶好の機会だった。

1950年代から1970年代はじめの創価学会は、大石寺の巨大建築物を建てるための供養を続け、莫大な額を会員から集めた。それによって、大講堂や大客殿、そして正本堂や総門が建てられていった。正本堂は6000席を備える超巨大建築物であった。

目標を失いつつあった創価学会に新たな目標を

正本堂の完成は1972年10月のことだった。落慶大法要は10月14日に行われているが、起工・着工大法要が営まれたのは1968年10月12日のことだった。その間に、創価学会・公明党は言論出版妨害事件を起こし、池田はそれを謝罪しなければならなかった。

池田が謝罪した際に、戸田が唱えていた国立戒壇ということばを使わず、戒壇については、民衆によるものとし国会の議決にはよらないことを宣言した。実際、正本堂が完成したとき、池田はそれを民衆立の戒壇であると位置づけた。ただ、日蓮正宗の側はそうした解釈をとらなかった。

そこには一つ大きな問題があった。

池田は正本堂を民衆立による戒壇と規定したわけだが、それにあたる本門之戒壇は、創価学会・日蓮正宗による布教活動である広宣流布が実現した証となるものだった。だからこそ、正本堂には本門之本尊にあたる板曼陀羅が安置されたのである。

広宣流布が実現されたということは、それ以上、布教活動を続ける意味がなくなったことを意味する。もちろん、その時点で、日本国民全員が創価学会の会員になったわけではない。その点では、布教活動の余地はいくらでもあった。だが、正本堂の建立が創価学会の組織にとって一つの大きな区切りであったことは間違いない。

正本堂が完成した翌年に第1次オイル・ショックが起こる。それは、第4章で述べたように、1950年代なかばからの高度経済成長に終止符が打たれたことを意味し、同時に、創価学会の驚異的な伸びが止まることを意味した。まさにその時期に正本堂が完成したことは極めて象徴的な出来事であった。創価学会は頂点を極めてしまったとも言えるのである。

公明党のような政党なら、国会で議席を増やし、政権を奪取した上で、自分たちの考える政策を実現していくことが目標となる。ところが、宗教団体の場合には、政党とは異なり、そうした具体的な目標が立てにくい。とりあえず、信者の数を増やすことが目標になるが、伸びが止まると、目標そのものを喪失することになりかねない。創価学会はまさにそうした事態に直面してしまった。

共産党とのあいだで創共協定が結ばれた後、池田は矢野に対して、「次は宗門だ」と述べたわけだが、池田はそれによって新たな目的を生み出したとも言える。ただ、実際に池田がその方向に手を着けるのは1977年になってからである。

池田大作、二度目の挫折

池田は、1977年1月15日、関西戸田記念講堂で開かれた第9回教学部大会において、「仏教史観を語る」という講演を行い、学会は在家集団でも供養を受ける資格があること、学会の会館は現代の寺院にあたること、そして、出家と在家がまったく同格であることなどを表明した。これが、創価学会の財政的な問題から発していたことを裏づける池田自身の発言が残されている。

池田は、1978年4月15日に埼玉県の東大宮会館で県内の日蓮正宗の僧侶たちと懇談した際、「学会の資金繰りも職員へ支払う給料だけでも大変で、『聖教新聞』だけではやっていけない。実を言うと、現在学会には余分な金は全くありません。そのような実態をとても恥ずかしくて世間に公表できないのが本音です」（「学会マネー」研究会『創価学会財務部の内幕』小学館文庫）と語った。創価学会にも供養を受ける資格があるということは、創価学会自身が、大石寺のためではなく、自分たちの組織のために、供養という金集めをすることを正当化するものだった。

ところが、これに対して、日蓮正宗の僧侶たちから、池田の見解は日蓮正宗の教義から逸脱しているとして激しい批判が巻き起こった。こうした僧侶のなかには、創価学会の会員の家に生まれて出家得度した若い人間が多く含まれていた。

そうしたこともあり、創価学会の側は教義からの逸脱を認め、1978年11月に、池田が大石寺に「お詫び登山」を行い、謝罪している。さらに、翌1979年4月24日に、池田は責任をとって創価学会の会長を辞め、名誉会長に退いている。その翌々日の26日には、日蓮正宗の信徒を代表する法華講総講頭も辞任している。

これは、池田にとって二度目の謝罪であり、二度目の挫折だった。

しかも、日蓮正宗に対して批判を展開するにあたって、池田は周到な準備を重ねていたにもかかわらず、それに失敗したのだ。

寺か、会館か

矢野によれば、池田は教団の顧問弁護士となった山崎正友などに指示して、本山対策の研究を行わせていた。本山との距離をいかに広げていくかがテーマで、対策は長期と短期に分かれていた。ただ、本山と激しく喧嘩をしたら、学会員が動揺するのではという予測もなされていた。

池田は、正本堂で開扉を受け、日蓮正宗の法主の私室でもてなしを受けたときには丁寧なことば遣いをしていたが、それが終わって出てくると、「やれやれ、ほんまにもう」とぼやいていた。あるいは、坊主は欲ばかりだと、そんなことも学会の会合で言っていた。

この場合の欲というのは、本山が寺を建ててほしいと学会に求めてきたことをさす。当時、学会の子弟が得度して日蓮正宗の僧侶になっていったわけだが、そうした僧侶を住職にする寺が不足していた。日蓮正宗はもともと小さな宗派だったので、寺の数が少なかった。法主の私室に池田が参上したときにも、「寺院のほうもよろしく」と言われていた。

ところが、創価学会の方も、発展をつづけるなかで、会員たちが集う場として各地に会館を作ってきた。それには当然、多額の資金が必要である。

寺か、会館か。

池田としては、寺よりも会館を優先したかったのだろう。その背景には、創価学会が宗教教団として大きく成長していたことがあった。戦後すぐの時代には、創価学会の規模は小さく、日蓮正宗という権威を必要とした。冠婚葬祭など、会員の日常的な宗教活動を担ってくれる点でも、日蓮正宗は不可欠な存在だった。

しかし、創価学会自体が巨大教団へと発展すれば、そのあたりの状況は変わってくる。金銭的には、創価学会がひたすら日蓮正宗に金を流すわけで、一方的な関係だった。

日蓮正宗からの独立の試み

創価学会は大石寺の在家講という性格を持っていたが、1952年には、独立した宗教法人として認証されている。それは戸田の時代だが、これには大石寺が反対した。すでに日蓮正宗が宗教法人になっていたからである。

そこで戸田は、新しく学会に入った者は大石寺の信徒とすること、教義を尊重すること、仏法僧の三宝を敬うことという3つの条件を約束した。それで、日蓮正宗の側に、創価学会が宗教法人となることを認めてもらったのである。

池田は、自分が指示して行わせた本山対策のさらに先を行った。それが、すでに述べた「仏教史観を語る」の講演に結びついたわけだが、その前に、池田が試みたことがあった。

それが、１９７４年の「日蓮正宗国際センター」の設立だった。これは、世界に布教する権限を創価学会が独占するもので、会長には池田が就任した。このセンターは、翌年には「日蓮正宗インタナショナル」と改称されるが、日蓮正宗は日蓮正宗インタナショナルの下につく形になった。これが日蓮正宗からの独立の布石になるものだった。

しかし、池田の独立の試みは失敗する。池田が「仏教史観を語る」で述べたことは日蓮正宗の教義から逸脱していると批判された。それは覚悟の上であったはずだが、この時点では、そうした批判に対して抵抗できるだけの理論武装がまだ十分になされてはいなかった。池田にもその覚悟がなかったように見受けられる。

池田は、そのため、創価学会の側は、日蓮正宗の教義からの大石寺へのお詫び登山を行った際に、「本尊模刻」についても謝罪している。これは、創価学会や池田個人に与えられていた全部で八幅の紙幅本尊を写真に撮り、それをもとに大石寺の板曼陀羅を模刻したものだった。これはまさに日蓮正宗からの独立を意図した証ととらえられたのだ。

池田大作と後任、決定的なカリスマ性の違い

会長を辞めた後、『聖教新聞』においても、池田のことはほとんど取り上げられなくなった。会長の辞任は、現在の会長である原田稔を含めた側近が大石寺と協議して決めたことで、それも条件のなかに入っていた。池田は、会員に対して講演を行うこともできなくなった。

しかし、池田と北条では、カリスマとしての資質には決定的な違いがあった。矢野は、北条が会長になった後の学会の体制に対する会員の反応について、「違和感がありましたね。やっぱり池田さんの方がいい、みたいなね。しゃべり方が全然違うんですもん。池田さんのしゃべりは、魅力があるんですよ。北条さんは生真面目で一生懸命の人ですけれど、池田さんとはタイプが違う」と指摘している。

池田は自らの実力によって第3代の会長に就任した。だが、北条の場合はそうではない。池田が辞任に追い込まれたことで会長の座がまわってきただけなのだ。

北条には、池田にあったカリスマが欠けていた。矢野が言うように、しゃべり方の違いは大きかったが、北条には、池田にある武勇伝も欠けていた。

池田は、第1章で述べたように、小樽問答で創価学会勝利のイメージを作り上げることに貢献した。それだけではなく、大阪での選挙活動では先頭に立ち、逮捕・起訴され、それでも公判で無罪を勝ち取っている。

矢野の話によれば、池田が会長を辞めたことで、学会本部の人間のなかには、「頭のフタが取れた」と、自由を謳歌した者もいたらしい。

それでも池田は復権を果たしていく。それに大きな役割を果たしたのが、池田が育て上げたとも言える関西の会員たちだった。

そうした気運を盛り上げる上で決定的な機会となったのが、1982年3月に大阪の長居陸上競技場で行われた第1回関西青年平和文化祭だった。

関西をバックに復権を果たす

『聖教新聞』の2010年3月26日付には、「栄光の日々　名誉会長と我らの人生　11」という記事が掲載されているが、そのなかに次のような記述がある。

「先生、文化祭をやらせてください！」

名誉会長は、真剣に訴える青年部の顔をじっと見つめた。

昭和56年（1981年）11月、関西文化会館のロビー。卑劣な陰謀による会長辞任から2年半。広布を阻む邪悪の暗雲を、青年の熱と力で打ち破りたい！

「『学会ここにあり、師匠は健在なり！』と、満天下に示す舞台にします！」

「10万の関西の青年がお待ちしています！」

名誉会長の言葉に力がこもった。「青年が待っているのか！」

矢野によれば、この大阪での平和文化祭には、東京の人間は呼ばれなかったという。矢野は関西の出身だから呼ばれたが、平和文化祭は、関西だけで池田を盛り上げていくためのイベントだった。矢野は、「これを機に、池田さんは関西をバックにして北条さんをピシャッとたたいた。名誉会長だけれども、事実上の最高権力者としての池田さんの奪権運動は、かなりすさまじかったですよ」と述べている。

池田は、関西の会員に支えられる形で復権を果たし、日蓮正宗との関係も修復し、1984年1月には法華講総講頭に返り咲いている。それは、池田が復権する前のことになるが、会長となった北条は、１９８１年７月に58歳で急死し、５代目の会長には秋谷栄之助が就任していた。

池田の会長辞任が公明党との関係に与えた影響

ただ、一時期、池田が創価学会の組織において重く扱われなくなった結果、外部のメディアも、池田を公明党に対して影響力がある存在としては報道しなくなる。

それは、池田の公明党との関係にも影響した。

そもそも政教分離以降、公明党と創価学会とは協議会の場を設け、意見や情報の交換をするようになった。公明党が重大な政治的な決断、たとえば連立政権に入るといったときには、この協議会の場で創価学会の了承を得ることになった。けれども、この協議会に池田は出てこない。創価学会側の代表はあくまで会長である。

それでも、池田が会長を辞任した後、公明党の委員長が、池田に意見を求めることはあった。

それは、１９８４年に起こった二階堂進自民党副総裁擁立劇の際においてである。これに深くかかわった公明党委員長の竹入義勝は、兵庫の西宮で開かれた創価学会の文化祭に来ていた池田と芦屋の別荘で二人だけで会っている。その際に竹入は、「鈴木〔善幸〕さんから二階堂さんを擁立しようという話が来ている。私は乗りたいと思う」と説明した。それに対して、池田は「本当にできるかなあ」と疑問を呈したので、竹入は「今のところ実現できる気がする」と答え、それでゴーになったという（『朝日新聞』1998年8月29日付朝刊）。

池田と竹入との関係については、前の章で詳しく述べたが、この席で池田は、竹入の構想に疑問を呈しただけだった。結局、二階堂擁立劇にかかわることを決めたのは竹入だった。

復権した池田がむしろ力を入れたのは、こうした政界のことではなく、日蓮正宗との関係についてだった。

創価学会と日蓮正宗との対立がふたたび激化

池田の会長辞任から11年が経った1990年7月、創価学会と日蓮正宗の連絡会議の席上で、創価学会側が、日蓮正宗の宗門や法主を批判し、席を立った。これを発端として、創価学会と日蓮正宗との対立がふたたび激化した。

創価学会の側は、『聖教新聞』の紙上などで日蓮正宗批判のキャンペーンをはった。日蓮正宗の側も、池田の法華講総講頭の役職を解き、同年11月には、創価学会とその国際組織、創価学会インタナショナル（ＳＧＩ）を破門とする。日蓮正宗インタナショナルは１９８５年には創価学会インタナショナルに改称されていた。１９７７年のときには、日蓮正宗の側からの激しい批判を受け、創価学会が屈伏したが、今回はつっぱね、両者は決別の道を歩むことになった。

当初の段階では、創価学会は日蓮正宗との決別が永遠のものになるとは考えていなかったようだ。そのため、当時の法主、阿部日顕《にっけん》にちなんで、日蓮正宗を「日顕宗」と呼び、批判した。阿部が退座し、日蓮正宗の体制が変われば、関係を修復しようと考えていたのではないだろうか。

だが、その方向にはむかわず、決別以来、三十数年の歳月が経った。

その間にあった大きな変化としては、一つは本尊のことである。決別するまで、創価学会に入会した会員には日蓮正宗の寺院から本尊が授与されていた。それは、大石寺の板曼陀羅を書写したものだった。

決別すると、会員はそうした本尊を授与されない。そこで創価学会では、1993年10月から、大石寺の第26世の法主、日寛が書写した本尊を新しい会員に授与するようになった。

そして、2013年に信濃町に建った「広宣流布大誓堂」には、大石寺の第64世、日昇が書写した曼陀羅が安置された。

戸田が幸福を生む機械であるとした大石寺の本尊を、創価学会の会員は、直接にも、また間接的にも拝めなくなった。そこで、創価学会を批判する人間たち、あるいは日蓮正宗の側は、創価学会は偽本尊を拝んでいると批判し、本物の本尊を拝むために創価学会から離脱するように呼びかけた。だが、本尊をめぐって創価学会を離れた会員は決して多くはなかった。

日蓮正宗との決別で浮かび上がった葬儀問題

もう一つ、現実的な変化として重要なのは葬儀の問題である。

決別するまで、創価学会の会員が葬儀や年忌法要を行うとき、それを日蓮正宗の寺院に依頼してきた。ところが、決別したことで、それができなくなった。そこで創価学会が導入したのが、「同志葬」であった。

創価学会の会員は、毎日勤行を行っており、法華経を詠み、題目をあげることができる。したがって、葬式を営むことができるわけで、僧侶を呼ばず、戒名も授からない形式の葬儀が導入された。やがてこれは「友人葬」と呼ばれ、会員のあいだに定着していく。葬儀に僧侶を呼べなくなったことで、会員のなかには、日蓮正宗にとどまる者も出てくるのではないかと言われたが、こちらもその数は多くなかった。

結局、日蓮正宗と決別しても、創価学会の会員が大きく減ることはなかった。それは、日蓮正宗の側にしてみれば誤算だったかもしれない。

創価学会の会員の多くを占めたのは、高度経済成長の時代に地方から都会に出てきた人々だった。彼らは小卒や中卒で、まだ10代で故郷を離れた。長く故郷で生活していれば、そこにある人間関係のネットワークに深く組み込まれ、地域で行われる冠婚葬祭に参加し、それを担っていたはずである。

ところが、創価学会の会員になった人々は、故郷のネットワークに組み込まれる前の段階でそこを出てしまったため、地域の冠婚葬祭の経験もなかった。しかも、都会ではしばらくの間独身生活を続けたし、結婚して家庭を持ったとしても、そこには年長者はいなかった。つまり、彼らは先祖のいない家庭を営むことになったのだ。

先祖崇拝よりも仲間同士のつながりを重視する独自の宗教観

日本人の宗教生活の基本には先祖崇拝の観念があると指摘されることが多い。戦後その点を強調したのが、牧口常三郎とも関係を結んだ、日本民俗学の開拓者である柳田國男だった。柳田は、戦後間もない時期に刊行した『先祖の話』という本のなかで、先祖崇拝の重要性を強調した。

創価学会でも、時代を経るにつれて、先祖供養を行うようにはなっていく。一時は墓園の開発にも力を入れ、会員たちはこぞって墓を購入した。だが、一般の社会と比べた場合、先祖供養の比重は低い。それを象徴するように、会員の家にある仏壇には本尊として日蓮の曼陀羅が掲げられたが、原則として先祖の位牌は安置されない。少なくとも、位牌を祀ることが仏壇を購入する目的にはなってこなかった。

したがって、日蓮正宗と決別しても、会員たちには、僧侶を呼んで、戒名を授かることに対してさほどの執着はなかった。それが、日蓮正宗にとどまらなかった大きな原因だろう。

代々の会長にしても、自分の出身地での冠婚葬祭の経験が乏しかった。牧口は、若くして北海道に渡っているが、北海道は日本の他の地域に比べて先祖供養の観念が弱い。他の地方から渡ってきた人間が多いからである。戸田も、生まれは違うが、幼いころから北海道で育ち、若くして東京に出ている。池田は東京の生まれ育ちである。彼らの生まれ育ちが先祖崇拝への関心を生まなかったとも言える。

しかも、創価学会の会員たちは、信仰によって結ばれた地域の人間関係のネットワークのなかで生きていた。これは他の新宗教には見られないことである。それも、創価学会の会員の数が多く、地域に仲間が生まれていたからである。とくにどの都市でも下町に会員が多かった。

会員たちが創価学会に入会したのも、新たな人間関係を結べるという面が強かった。入会すれば、日ごろの学会活動で年中顔をあわせることになる。街で買い物をしようとする際に、会員の店とそうでない店があれば、自ずと会員の店で買うことになっただろう。

そうした強固な人間関係のネットワークのなかで生活していれば、そこからは簡単に離れられない。信仰の中身よりも、実生活ではそちらの方が重要である。創価学会を抜ければ、その時点で、ネットワークから切り離されるわけで、それによって生活に支障をきたす可能性があった。その点で、創価学会は脱会が難しい組織でもあった。

聖地を失った創価学会

ただ、日蓮正宗から決別することで、大石寺への登山はできなくなった。創価学会の会員は聖地を失った。登山は重要なイベントで、会員の士気を高めることに多大な貢献をしてきた。聖地の存在はどの宗教でも重要である。それを失うことは、大きな損失である。

決別した後、創価学会では、信濃町の「聖地化」を進めていった。広宣流布大誓堂がその中心である。大阪でも、結婚式場を買い、関西池田記念大講堂の建設が進められている。この会館には、「関西本部常住御本尊」が安置されることになっている。

たしかに、創価学会の会員は信濃町を訪れているが、大挙してということは少なく、大石寺に比べれば、自分たちの組織が発展しているという感覚を得ることが難しくなっている。まして池田が亡くなったことで、信濃町を訪れてその近くに行くこともできなくなった。やはり、大石寺という聖地を失ったことは、大きいのではないか。それがボディーブローのように、次第に効いてくる可能性は十分に考えられる。そしてそれは、創価学会の衰退に拍車をかけることになるかもしれないのである。

第7章
退場するカリスマ

与野党逆転を機に連立政権へ参加

創価学会が日蓮正宗からの離脱を果たした時期に、創価学会と公明党がさまざまな出来事に遭遇することとなった。

創価学会自体については、金の問題が大きくクローズアップされる。時代はまさにバブルだった。それを象徴するように、1989年、横浜市旭区の産業廃棄物処分場で現金約1億7000万円の入った金庫が捨てられていたことが判明する。これについては、池田大作の側近だった中西治雄が、自らの金だと名乗り出た。だが、国税局は、池田と共謀した裏金ではないかという疑惑を持ち、それが税務調査に発展する。申告漏れを指摘された創価学会は、二十数億円を納税している。

さらに、創価学会が設立した東京富士美術館が購入したルノワールの絵画の取引をめぐって15億円の行方不明金が発覚し、2回目の税務調査が行われた。

すでにふれたように、バブル期に財務の目標は2500億円とされていた。創価学会には莫大な金が流れこんでいたわけである。それが、こうした事件を生むことにつながったと考えられる。

一方で、公明党の方は、はじめて政権に加わることになる。1993年7月に行われた第40回衆議院議員選挙は、内閣不信任案が成立して行われたものだった。

それに先立つ6月18日、野党は宮沢喜一内閣の不信任案を提出した。自民党内でも、小沢一郎や羽田孜《つとむ》らが賛成票を投じ、他にも欠席者が出た。これによって不信任案は可決され、宮沢首相は衆院を解散した。その際に自民党から離党者が出て、竹村正義を中心とする「新党さきがけ」や小沢・羽田らによる「新生党」が結成された。

したがって、第40回衆議院議員選挙は、自民党が分裂して臨んだ選挙で、新生党（55議席）や新党さきがけ（13議席）が躍進し、さらには細川護熙《もりひろ》を党首とし、ブームを巻き起こした日本新党も35議席を獲得した。これによって自民党は単独過半数を確保できず、野党が与党の議席を上回った。

すでにその兆しは、自民党が大敗し、社会党を下回ったことで、与野党逆転が起こった1989年7月の第15回参議院議員選挙の結果にあらわれていた。やがて訪れるバブルの崩壊は、高度経済成長の最終的な終焉を意味し、高度経済成長とともに確立された55年体制を突き崩すことになった。それが、政界の流動化に結びついたのである。

衆議院での与野党逆転が実現されたとき、日本新党の細川は、自民党との連立を考えた。しかし、小沢の働きかけで細川内閣が誕生する。この内閣は、非自民、非共産の連立政権で、日本新党、新生党、新党さきがけ、日本社会党、民社党、社民連、民改連、それに公明党という8つの政党、会派が加わった。

オウム真理教事件から高まった創価学会批判の声

この連立政権では、小沢と連携し、「一・一ライン」と呼ばれた公明党の書記長、市川雄一が重要な役割を果たす。市川は、1989年に矢野絢也が委員長を辞め、石田幸四郎が公明党の委員長に就任した際、書記長に就任していた。彼は、小沢が自民党の幹事長をしていた時代に接近し、それが両者の緊密な関係に結びついた。

細川内閣において、公明党は郵政大臣、労働大臣、総務庁長官、環境庁長官の4つの閣僚ポストを確保する。さらに、細川が佐川急便事件にかかわる資金疑惑で辞任した後に誕生した羽田孜内閣では、6つの閣僚ポストを確保する。この数は、新生党の8つに次ぐものので、連立政権における公明党の重要性を示していた。

1960年代の終わりに、池田は公明党による単独政権を夢見た。その夢は遠のいたが、それから20年以上が経ったものの、公明党は連立政権にはじめて参加し、多くの大臣ポストを獲得するに至る。しかも、創価学会をバックにした公明党の存在感は極めて大きなものだった。

その後、連立政権は崩れ、自民党が政権に復帰して、社会党と新党さきがけによる「自さ社政権」が誕生する。公明党は、それに対抗する形で、やはり小沢が主導した新進党に参加する。細川政権の時代には小選挙区比例代表並立制を導入する法案が成立しており、二大政党の時代が訪れると予測されていた。新進党は、そうした状況を踏まえて結党されたものだった。

1995年7月の第17回参議院議員選挙では、新進党が躍進し、その勝利に創価学会が大きく貢献したことから、自民党は創価学会批判を強めることになる。

オウム真理教の事件が勃発したのを契機に、宗教法人法の改正が議論になるが、自民党は、途中から議論をオウム真理教対策から創価学会対策へと移行させていった。自民党は、政教分離基本法制定の必要性を訴え、池田の国会証人喚問を要求した。最終的に池田喚問は見送られたものの、参議院の宗教法人特別委員会では秋谷栄之助会長の参考人招致が実現する。

この出来事は創価学会の側に、公明党に対する不信感を募らせる結果になった。公明党は、池田を本気で守ろうとしていないではないかというわけである。

池田はこの少し前、ジャーナリストの田原総一朗によるインタビューを受けている。その際に田原が、「公明党さえなければ、池田さんが攻撃されることもない。創価学会批判も、公明党があって、政権に参加したり、新進党とくっつくから出てくる。解党してしまえば、批判も出てこない」と問いかけたのに対して、「そのとおりです」と答えている(『中央公論』1995年4月号)。

こうしたことを経て、1999年に公明党は自民党と自由党の連立政権に参加する。その後、自由党が解党してしまったため、公明党だけが自民党の連立の相手となった。一時、民主党政権の時代が訪れるが、その間も、自民党と公明党の協力関係は崩れず、やがては自民党と公明党の連立政権が復活し、今日まで続いている。

表舞台に姿を現さなくなった池田大作

一方、日蓮正宗と決別して以降の池田は、ハーバード大学など海外での講演や、中国の江沢民や胡錦涛、旧ソ連のゴルバチョフらの要人と会見して、その存在感を示した。

しかし、2010年6月の本部幹部会を欠席して以降、本部幹部会に出ることはなくなり、会員の前にもほとんど姿を現さなくなってしまう。その後、『聖教新聞』にたまに近影が掲載されたが、それも回数は多くはなく、次第に近影ではなく、池田が撮影した写真が載るだけになっていった。

私は、池田が本部幹部会に出なくなる前、一度、支部の会館でその中継を見たことがあった。その際には、用意された原稿を読み上げたのは教学部長で、池田はときどき口を挟むだけだった。しかも、池田の言うことは、かつてのような鋭さがなく、会員の心をつかむようなおもしろさはなくなっていた。

さらに、最後の本部幹部会の直前の段階では、池田には変調が見られたということも聞いた。おかしなことを言い出したりしたらしい。本部幹部会に出なくなって以降、池田の肉声が伝えられたことは一度もない。

それでも2010年6月以降、『聖教新聞』などには、池田のメッセージや歌が載せられた。また、毎年一度定期的に、あるいは臨時に、長文の平和や核の問題についての提言が『聖教新聞』に掲載され続けた。それは、池田が亡くなるまで続き、メッセージや歌については、亡くなった直後にも、生前に用意されたものだと注釈がつけられて発表された。

宗教団体のトップが発するメッセージが、すべて本人の手で書かれるわけではない。政治家でもスピーチライターがいる。その点で、メッセージや提言を池田の手になるものなのかどうかを穿鑿《せんさく》するのはさほど意味はないだろう。実際、拙著『「人間革命」の読み方』（ベスト新書）で指摘したように、『人間革命』にしても、『新・人間革命』にしても、池田が実際に執筆したわけではなく、代筆者が存在していた。

しかし、池田が亡くなってしまった以上、もうメッセージや歌が発せられたり、提言が行われたりすることはない。

池田の死で神格化は進むのか

このように見ていくと、池田の存在は、会員たちからも、外部の人間たちからも、次第に消えていったことがわかる。池田の死は、創価学会にとっての「Xデー」と呼ばれることがあったが、その日は突然訪れたわけではなかった。池田の存在はフェイド・アウトし、その分、実際の死自体には大きな衝撃はなかった。

そもそも創価学会という組織は、あるいは会員たちは、一般の日本人に比べて死後の世界への関心が薄い。それも、先祖崇拝の観念が弱いからである。

池田が亡くなった際、『聖教新聞』は、「池田大作先生が霊山《りょうぜん》へ」という見出しを掲げた。霊山とは法華経に説かれた浄土のことである。霊山に旅立ってしまえば、それで終わり。創価学会は、そのように考えていたのではないか。

その証拠に、亡くなってから1月半後に訪れた2024年の新年には、本部や各地の会館で「新年勤行会」が例年通りに行われた。池田の喪に服するということはまったくなかったのである。

宗教団体のリーダーであれば、死後に神格化が進むのが普通である。ただ、池田の場合には、生前からそれが進行していた。果たしてこれ以上、神格化を進める余地があるのだろうか。ことはそこまで進行していた。今後、改めて池田の神格化が行われることもないだろう。

池田不在に備えた創価学会の路線変更

ただ、一つ大きな問題がある。

池田は、会長を退き、名誉会長になった後も、その直後にはたしかに組織のなかで力を失っていた。そこからいかに復活をとげたかについては前の章で述べた。復活して以降、事実上のトップとして巨大組織に君臨し、最終的な決定権を握っていた。その点に関連して矢野は、「仏敵認定権者は、池田さんなんですよ」と語っていた。仏敵とは、創価学会に敵対する人間のことをさす。

2010年以降、会員の前にも姿を現さなくなった池田が、果たしてそうした決定権を持ち続けていたかどうかははっきりとはわからない。そもそも、池田が病気なのかどうかも、まったく外部には明かされなかった。

池田の動静はわからなくても、創価学会が重大な決定を下すときには、池田がそれを認めたという形をとることが不可欠だった。

逆に、池田が亡くなってしまえば、そうした決定を下すことが難しくなる。会長は組織のリーダーではあるが、北条以降の会長には宗教家としてのカリスマがなく、その決定では会員を納得させることが難しい。そこで、創価学会では、池田が姿を現さなくなった2010年以降、いくつか重要な路線変更を行っている。

一つは、前の章で述べた本尊に関連することで、それを安置する広宣流布大誓堂が2013年に完成し、落慶入仏式が営まれたが、その際には池田が導師となっている。ただ、その場に集まったのは幹部たちだけで、一般の会員はその姿に接していない。

その後、会則の変更がいくつか行われ、大石寺の板曼陀羅ではなく、広宣流布大誓堂に安置された本尊を正式なものにすることなどが決定された。

『人間革命』を第2版で大幅改訂

もう一つは、小説『人間革命』の第2版の刊行である。第2版は文庫版（聖教ワイド文庫）で2013年に刊行されている。最初は、その前年に『池田大作全集』として刊行された。

『人間革命』は池田を著者とし、全12巻からなるものだが、実際の著者やその内容については、前掲『「人間革命」の読み方』で詳しく述べた。基本は戦後における戸田の歩みがつづられ、最後の第12巻で池田の第3代会長就任についてふれられている。

つまり、『人間革命』に描かれているのは、創価学会が日蓮正宗と密接な関係を持っていた時代の物語である。したがって、日蓮正宗に対してはそれを高く評価する記述になっているし、僧侶についても「先生」や「尊師」といった敬称が用いられていた。

それが第2版になると、「ご住職」といった言い方に直され、代々の法主についても「上人」という尊称は削除され、呼び捨てにされている。大石寺の本尊が特別なものであるとした部分も削られ、境内の荘厳さを伝える記述も削除された。その代わりに、戦時中の日蓮正宗のあり方については、「総本山は、自己保身のため、最終的に軍部政府に屈した」といった記述が加えられた。これは、初版にはなかったものである。

『人間革命』の著者は池田である。そうである以上、池田の了承を得ないで内容を訂正することはできない。訂正に至った経緯については、第2版第1巻冒頭におさめられた「文庫版発刊にあたって」に述べられている。

そこでは、『人間革命』が創価学会の精神の正史であることが強調され、全集に収録・発刊するにあたって、全集刊行委員会から次のような問題提起がなされたと述べられている。

それは、この20年ほどの間で宗開両祖に違背し、腐敗・堕落してしまった宗門が、仏意・仏勅の創価学会の崩壊を企て、仏法破壊の元凶と成り果てた今、『人間革命』を全集に収録する際にも、その点を考慮すべきではないか、ということであった。

そこで、委員会は池田に宗門関係の記述について再考を願ったところ、池田は熟慮のすえ、「皆の要請ならば」と推敲を承諾した。『人間革命』第2版は、池田本人によって訂正がなされたことになる。

実際に池田が訂正を行ったのかどうか、それを判断することはできない。しかし、池田が訂正したという形にはなっており、これは、池田が生きていなければ不可能である。

池田が亡くなる前に『日蓮大聖人御書全集』新版を刊行

さらにもう一つ、これは路線変更ということではないが、重要なこととして、『日蓮大聖人御書全集』新版の刊行があった。これは、2021年に刊行されている。そこに池田は「我ら創価学会は、永遠に『御書根本』の大道を歩む」ではじまる序を寄稿している。刊行委員会による「発刊にあたって」では、「今回の『新版』の編集にあたり、監修の労を執ってくださった池田先生から、『正確さ』『読みやすさ』、そして『学会の伝統』を重んじるよう、幾度となく御指導をいただいた」とある。

新版は創価学会から刊行されている。創価学会は旧版も刊行しているが、旧版には「創価学会版」と「大石寺版」の二つがあった。どちらも編集は大石寺の第59世法主だった堀日亨である。新版には堀の名前はなく、池田が監修となっている。大石寺の側は、2018年に平成新編日蓮大聖人御書編纂会編、阿部日顕監修で、『平成新編　日蓮大聖人御書（大石寺）』を刊行している。

池田が亡くなった後では、池田を監修とするわけにはいかないし、序を書いてもらうこともできない。そうなれば、誰が監修となり、序を執筆するのか。そうした事態が起こる前に新版は刊行されている。

巨大なカリスマを失った創価学会に残された課題

こうして創価学会は、池田の死を予期して、生前の段階で重要な改革を行った。その改革に池田が実際にどうかかわったのかはわからないが、池田の了承のもとにそうしたことがなされた形がとられたことは間違いない。それによって、改革にお墨付きが与えられたのである。

しかし、そこには一つ大きな問題がある。

池田が亡くなって以降、果たして創価学会は重大な改革を行えるのだろうか。池田の存在があまりに大きかったがゆえに、改革の決定を下すことが困難になったのではないだろうか。何らかのお墨付きなしに、大胆な変革はできない。

創価学会では、本書の「はじめに」でもふれたように、2016年に会則を改訂し、牧口、戸田、池田を「三代会長」とし、その敬称を「先生」と定めた。これは、三代会長が特別な存在であると規定したもので、それ以降、3人に匹敵する人物が現れないとしたことを意味する。もう創価学会にカリスマが現れることはないのだ。

もちろん、この会則の改訂も、池田の了承を得て行われたとされている。しかし、将来においてどういったことが起こるかは、常に予測不能である。

しかも、現在の創価学会は衰退の方向にむかっており、会員の数が減り、かつてほど組織としての力を発揮できなくなっている。この傾向が今後も続くことが予想されており、どこかの時点で、より大胆な改革が求められる可能性が高い。そのとき、どういった形でそれを実行に移すのか。創価学会自身が、その道をあらかじめ鎖《とざ》してしまったとも言えるのだ。

日蓮宗全体のなかで特異な存在となってしまった創価学会

創価学会が日蓮正宗とは決別したと言っても、教えの面で離れたわけではなかった。日蓮正宗の教えは「大石寺教学」とも呼ばれるが、創価学会の現在の教えは基本的に大石寺教学である。私は、創価学会の幹部から、それを認める発言を聞いたことがある。

大石寺教学は、日蓮の直弟子の一人である日興に遡る。日興は、佐渡に流された日蓮に付き従い、日蓮の廟所《びょうしょ》を守った直弟子だが、日興が伝える日蓮の文章のなかには、偽作と思われるものが少なくない。

日興が日蓮の説く教えを筆記したとされる「御儀口伝《おんぎくでん》」などがその代表で、内容から考えても、とても日蓮が語ったものとは思えない。御書全集新版の冒頭におさめられた「唱法華題目抄」も写本しかなく、日興が真蹟の日蓮の書簡の行間に一部を書き込んだ特異なもので、偽書ともされている。

日興につらなる日蓮宗の系譜は「富士門流」と呼ばれるが、日蓮正宗と創価学会を除くと、ほとんどが日蓮宗に属している。その点で、日蓮正宗と創価学会は日蓮宗全体のなかで極めて特異な存在であることになる。

したがって、日蓮正宗から決別した創価学会は、さらに特殊な存在になってしまった。日蓮正宗を批判しながら、教学は日蓮正宗そのもので、他の日蓮宗とは相入れないからだ。大石寺教学を捨てない限り、他の日蓮宗との協調は困難だが、日蓮正宗の教えについても、法主の権威を否定するなど、その核となっている部分については認めなくなった。

創価学会の現在の教えがなぜ正しいと言えるのか。日蓮正宗から離れることで、その根拠を見出すことができなくなった。ただ、決別する以前にも、他の日蓮宗とは相いれなかったわけだから、その点については変わっていない。

日蓮と創価学会の歴史的背景と思想の変遷

創価学会が宗祖とする日蓮は、国のあり方を問題とした宗教家だった。日蓮は天台宗の総本山である比叡山延暦寺で学び、基本は天台僧として活動を展開した。天台宗においては、法華経が究極の経典として重視され、そこではすべての衆生が成仏できることが説かれていた。

ところが、日蓮の生きていた時代には、法然の説いた浄土宗の教えが広まっていた。日蓮は、法華経で説かれた教えは正しく、「正法」であり、逆に、浄土宗で説かれる教えは間違った「謗法」であるととらえた。そして、薬師経にもとづいて、間違った教えが広まっている限り、外国の勢力に攻められる他国侵逼難《たこくしんぴつなん》などの重大な危機が到来すると警告した。この警告は蒙古襲来で的中する。

日蓮がこうした姿勢を示した上、二度にわたって伊豆と佐渡に流罪に処せられたこともあり、国難を救う存在として英雄視されることになる。日本が対外戦争をくり返していた戦前においては、とくにその方向で日蓮は高く評価され、日蓮の思想と天皇を崇拝する皇国史観があいまって、「日蓮主義」の運動が高まりを見せた。

創価学会の前身となる創価教育学会は、こうした日蓮主義が流行していた時代に活動を展開したわけで、創立者の牧口は、日蓮主義の運動の中心にあった国柱会の田中智学の講演も聞いている。

しかし、牧口の関心は、日蓮主義とは異なり、国家と信仰の関係よりも、個人の信仰のあり方にむけられた。そこから、価値論や法罰論が生まれた。

国のあり方や他宗を激しく批判した日蓮

戦後、創価学会として組織の再興をはかった戸田の場合には、政界進出するにあたって、田中が説いた国立戒壇の建立を目標に掲げたものの、教えの中心は現世利益の実現であり、国家のあり方についてはさほど関心を向けなかった。

そもそも、牧口と戸田が信奉した日蓮正宗においては、自分たちが究極の本尊である板曼陀羅を祀り、正しい信仰は代々の法主に受け継がれてきたという教えを特徴としており、日蓮が実践した国家のあり方を正そうとする「国家諫暁《こっかかんぎょう》」については、初期の時代には行われたものの、その後は実践されて

いない。

創価学会の中心的な教義「一念三千」

池田は、戸田にならって法華経や日蓮の遺文について講義を行っている。講義の対象となった「開目抄《かいもくしょう》」や「観心本尊抄」は、日蓮の真蹟も残っており、日蓮の手になるものであることは明らかだが、「御儀口伝」や「一生成仏抄《いっしょうじょうぶつしょう》」になると、写本しか残っておらず、偽書である可能性が極めて高い。

もちろん、「御儀口伝」や「一生成仏抄」は日蓮正宗においては日蓮の手になるものとされており、池田にも偽書の意識がなかったであろう。池田がそうした遺文の講義に力を入れたのは、たとえば、「一生成仏抄」に「深く信心を発《おこ》して日夜朝暮《にちやちょうぼ》に又懈《またおこた》らず磨《みが》くべし何様《いかよう》にしてか磨くべき只《ただ》南無妙法蓮華経と唱へたてまつるを是をみがくとは云うなり」とあるように、創価学会の会員が日々実践する唱題や勤行の価値を保証する内容になっているからである。

創価学会の中心的な教義とされるのが「一念三千」である。これは、一念という人のそのときどきの心のなかに、三千世界である宇宙全体の事象がすべて備わっているという教えで、南無妙法蓮華経の唱題を行うことを一念の具体的な現れとするものである。

一念三千の教えは、中国で天台宗を開いた智顗《ちぎ》に遡る。ただ智顗は、「摩訶止観」のなかで一度しか一念三千についてふれていない。その点で、一念三千が智顗の中心的な教えというわけではない。

ところが日蓮は、佐渡に流罪になっていた時代に一念三千についてくり返しふれていた。佐渡で執筆された「開目抄」や「観心本尊抄」においてである。日蓮は流罪という苦境のなかで、一念三千の教えにすがった。創価学会がそれを教義の中心に据えたのも、唱題の価値をことさら重視するからである。

池田は、国家諫暁の性格を持つ日蓮の「立正安国論」についても講義を行っているが、重視したのは、一念三千や唱題を称揚する「開目抄」や「観心本尊抄」、そして「一生成仏抄」であった。信仰の核心は、なにより唱題にある。それが、池田がとくに力を入れて説いたことである。

かつて盛んだった選挙活動への熱意も失われつつある

言論出版妨害事件が起こる前の段階で、池田は公明党が単独で政権をとり、自らが首相になることを夢見ていた。だが、首相になってどういう政治を行うのか、その夢や構想が語られることはなかった。

これは、創価学会の会員の政治意識とも共通する。創価学会の会員たちは、公明党の候補者を応援する選挙活動には熱心である。ところが、選挙以外の時期に政治に強い関心を抱いているわけではない。むしろ関心は薄い。

信仰活動ということでも、重視されるのは、唱題や勤行であり、そうしたことを実践し強固な信仰を持つことに絞られている。これは池田が会員にむかって強く説いてきたことであり、2010年以降、会員の前に姿を現さなくなってからも、『聖教新聞』でくり返し説かれたことである。

かつての創価学会であれば、会員たちは、毎日朝夕に勤行を行うだけではなく、折伏して会員を増やし、『聖教新聞』の購読者を増やす活動を実践した。選挙活動にしても、組織の拡大ということに結びついていた。

折伏が効果を発揮したのは、新たな人間関係のネットワークを求める人間たちが数多く日本の社会に存在したからである。都市に定着した人間が増え、新たな流入者が少なくなると、折伏は効果を発揮しなくなり、会員たちも、そこには力を入れなくなった。すでに自分たちは強固な人間関係のネットワークを築き上げ、そのなかで生活しているため、それ以上の拡大を求めないという面もあった。

そうなると、選挙活動も儀礼的なものになり、会員でない人間に対して公明党の候補者に投票してもらう呼びかけも、いつも同じ人間が対象になり、それ以上の広がりはなくなった。一時は、候補者をすべて当選させる「完勝」が目的とされたが、それが難しくなると、完勝を目標に掲げることもできなくなった。

そうなれば、選挙活動に邁進する意欲は減退する。公明党が、衆議院の解散の話が出るたびに、自重を求めるのも、会員たちが選挙活動の機会が増えることを望まないからだ。

宗教団体の場合、勢力が拡大している時期には、目標を立てやすい。信者数をこれだけ増やすとか、巨大な建築物を建てるとか、会員の意欲を駆り立てる具体的な目標を設定できるのだ。

ところが、勢力の拡大が止まり、衰退の方向にむかっていくと、そうした目標を立てることができなくなり、宗教活動を実践することに意味を与えられなくなっていく。創価学会の場合も、近年では選挙活動しか行われていないと指摘されることがある。

カリスマ退場の影響は無視できない

戦後の創価学会には間違いなく社会的な需要があった。新たな都市住民を救うという役割を果たすことができたからである。

だが、今になると、そうした需要はなくなっている。

しかも、1950年代後半から1970年代はじめという時期に、会員の増加が集中していたため、会員の高齢化や死亡も急激に起こることになった。創価学会は、他の新宗教に比べれば、地域に人間関係のネットワークを広げた分、子どもや孫に信仰を受け継がせることにある程度成功した。けれども、子どもや孫たちは自分の意志で入会した初期の会員に比べれば、信仰活動に傾ける熱意ははるかに乏しい。組織の衰退は、急激に進んでいく可能性がある。

そうした状況のなかで、池田が亡くなった。その日が訪れることは、事前に十分に予測

2024年1月30日、池田大作名誉会長のお別れの会で献花する参列者。カリスマを失った創価学会の行く末は果たして……

されたことで、学会本部も会員たちにも覚悟はできていただろう。
だが、一時代を築いたカリスマの退場の影響はやはり大きいのではないだろうか。

おわりに

池田大作というカリスマが亡くなった後、創価学会の組織には格別大きな出来事は起こっていない。少なくとも、表面的にはそのように見える。

後継者争いや分裂が起こるのではないかとも言われた。だが、後継者争いや分裂の兆しはまったく現れていない。

創価学会という巨大組織が、一挙に崩壊にむかうことは考えられない。

しかし、会員たちは、「池田先生のお手紙」を届けるために『聖教新聞』の配達をしてきた。選挙活動をする際にも、「池田先生のため」という意識が強かった。その池田先生が亡くなれば、会員の活動に対する意欲は薄れる。

すでに「池田先生のファン・クラブ」の様相を呈していた学会婦人部は2021年に廃止され、女子部と統合され、「女性部」となっている。

なぜ、婦人部を廃止し、女性部とするのか。『聖教新聞』などでも、理由は説明されなかった。会員たちは歓迎しているという声だけが取り上げられていた。

婦人部は、原則として既婚女性の組織である。未婚の女性は女子部に属する。かつての婦人部の会員のなかには、専業主婦も多く、学会活動に邁進する余裕を持っていた。ところが、近年では、働く女性が増え、専業主婦の数は減った。そうなると、婦人部だけで集まりを持つことも難しくなる。婦人部廃止の背景には、そうした女性をめぐる生活環境、労働環境の変化があることだろう。

選挙活動を中心的に担ってきたのも婦人部の女性会員たちだった。専業主婦なら、選挙活動に邁進できるが、働いていれば、それも難しくなる。時代の変化は、創価学会の活動に対して相当に大きな影響を与えていると見ることができる。

池田が会員たちの前にさえほとんど姿を現さなくなってから亡くなるまで、13年の歳月が流れた。池田に直接会ったことがない会員も増えた。生前の池田は精力的に全国、全世界をまわったが、それも20世紀までのことで、最後に大阪を訪れたのは、第3章で述べたように２００７年だった。それも約7年ぶりの訪問だった。池田が全国をまわって会員たちを直接励ましていたのは、ほぼ20世紀が終わるまでのことだったのだ。

21世紀になってから、すでに池田の信奉者を生む仕組みが機能しなくなっていた。その後も、『聖教新聞』では池田がいかに偉大な功績をあげてきたかについて、さまざまな記事が掲載されたが、池田に直接会ったことのない若い世代の会員たちが、果たしてそうした記事に感銘を受けるものだろうか。その可能性はかなり低い。

池田を著者とする『新・人間革命』の『聖教新聞』の連載は2018年9月8日まで続き、それを載せた第30巻下は2020年2月に刊行されている。

ただ、池田の実際の活動については、『新・人間革命』において、1990年10月に、ネルソン・マンデラと日本で会ったときのことまでしか述べられていない。それは、日蓮正宗と決別する直前のことであり、そのことと『新・人間革命』の完結とのあいだに関係がありそうだが、詳細は不明である。

今後、『新・人間革命』では語られなかったことが、果たして『新新・人間革命』という形で世に問われることになるのだろうか。池田が亡くなってしまった以上、著者を誰にするのかという難しい問題があり、それはなさそうだ。

創価学会には、11月18日の創立記念日の他に、いくつもの記念日があり、そのたびに、池田のことは『聖教新聞』で取り上げられるだろう。だが、それも過去の偉人としての扱いであり、会員を強く鼓舞するものにはならないはずだ。

新宗教では、初代の教祖はカリスマ的な力を有していても、それに続く2代目、3代目になると、その力を持たないのが一般的だ。

その点では、2代目の戸田と3代目の池田がカリスマとして組織を引っ張り、それを巨大教団に仕立て上げていったことは奇蹟的なことである。

だが、それに匹敵する4代目は生まれなかった。

カリスマなき時代を創価学会はどのように生き延びていくのか。注目されるのはその点である。

Profile

島田裕巳（しまだ・ひろみ）

1953年東京都生まれ。作家、宗教学者。東京大学大学院人文科学研究科博士課程修了。放送教育開発センター助教授、日本女子大学教授、東京大学先端科学技術研究センター特任研究員を歴任。著書に『葬式は、要らない』（幻冬舎新書）、『教養としての世界宗教史』『新解釈 親鸞と歎異抄』（ともに宝島社新書）など多数。

日本新宗教最後のカリスマ
池田大作の功と罪

2024年3月29日　第1刷発行

著　者　　島田裕巳

発行人　　関川 誠

発行所　　株式会社宝島社
〒102-8388
東京都千代田区一番町25番地
電話: 営業 03（3234）4621
　　　編集 03（3239）0927
https://tkj.jp

印刷・製本　中央精版印刷株式会社

ISBN 978-4-299-05208-7